JN123815

神奈川大学法学研究所主催シンポジウム

エビデンスに基づいた政策決定（EBPM）

横浜市の IR 推進から考える

編著　神奈川大学法学研究所

公人の友社

発刊に寄せて

　本書は、神奈川大学法学研究所が 2021 年 6 月 26 日にオンラインにて開催したシンポジウムの模様を収録したものです。

　今日、我が国ではエビデンス（証拠）に基づく政策立案や政策決定（EBPM）の重要性が叫ばれています。EBPM は、特に国や自治体の行く末を大きく左右しうる政策課題であればあるほど、綿密で確かな手順を踏んで行われるべきものですが、残念ながら十分に実践されていないのが現実です。

　近年、国による法や制度の整備が進められ、各地の自治体が誘致に手を上げている IR（統合型リゾート）政策についても、その例外ではありません。本書では、カジノ導入に対する住民の反対が強い中で推進された、横浜市の IR 誘致をめぐる政策過程を分析対象とし、政策にどの程度エビデンスが反映されたのかを検証しながら、EBPM をめぐる課題や可能性を探ります。

　シンポジウム後に行われた 2021 年 8 月の市長選挙の結果、横浜市は IR 誘致を撤回しました。しかし、本書が提起する EBPM やエビデンスをめぐる諸論点は、同じ法制度のもとで引き続き IR 誘致を進める他の自治体にも妥当するものと考えられます。よりよい政策立案や政策決定を志す皆様のために、本書が少しでも有益な情報提供をできるとすれば幸いです。

2021 年 10 月

神奈川大学法学研究所

共同研究「証拠に基づいた政策決定のあり方」を代表して

幸田　雅治

目　次

第1部　基調講演・報告

第2部　パネルディスカッション
横浜市の IR 推進について

パネリスト

　　金井　利之（東京大学法学部教授）

　　星野　　泉（明治大学政治経済学部教授）

　　大川　千寿（神奈川大学法学部教授）

　　真城　愛弓（東洋経済新報社編集局統括編集部）

コーディネーター

　　幸田　雅治（神奈川大学法学部教授）

資料

第 1 部　基調講演・報告

【基調講演１】

横浜市の IR 推進の有効性

佐々木　一彰

（東洋大学国際観光学部教授）

　○佐々木　　御紹介にあずかりました東洋大学の佐々木一彰でございます。私としましては、横浜ＩＲ推進の有効性という形でお話をさせていただきたいと思います。この場を与えていただきました神奈川大学の先生方をはじめとしまして、諸先生方には感謝申し上げます。

IR 導入の経緯

ギャンブルを合法化

　はじめに、IR 導入の経緯ですが、2018 年にカジノを収益のエンジンとするＩＲが合法化されたわけであります。日本において非合法であったカジノというギャンブルを合法化したという形になっております。そして、投資効率から見てみましたら、通常の民間企業では不可能な、しかしながら、交流人口の増加に寄与する。つまり観光振興に寄与する観光施設を建設させようという目的のためになされたものであったわけであります。しかしながら、ＩＲについては、その目的等についてはなかなか理解が進んでいないというのが現状であるということであります。

　最初に、日本における観光政策につきましてお話をさせていただきたいと思います。

　図表１は、御存じのとおり、日本の総人口の推移、このグラフであるわけでありますけれども、2008 年をピークとしまして減少しつつあるということでござ

います。人口が減るということは、そこで定住人口が減っていく。そこで消費する金額が減っていくということになりますので、何とかして交流人口、観光人口を増やすという方策が必要となってくるわけであります。

図表1　日本の総人口の推移

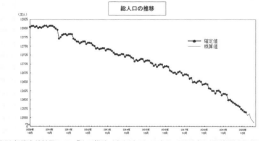

(出所)総務省統計局(2020)『人口推計（令和2年（2020年）12月平成27年国勢調査を基準とする推計値、令和3年（2021年）5月概算値）（2021年5月20日公表）』
(https://www.stat.go.jp/data/jinsui/new.html:2021年6月19日アクセス)

観光立国推進基本法

　したがいまして、国としましては、観光産業を、いわゆる国の基幹産業のうちの1つ、あくまでも1つでございますけれども、1つとして育てていくという方向にかじを切ったということでございます。どちらかというと、生業的な色彩が強かったのです。観光産業をあくまでも企業目線、いわゆる収益を上げる方向、なおかつ、そこで上げた収益を地域に還元していくというような方向にかじを切ったのがこの観光立国推進基本法であるわけです。第1条で、「二十一世紀の我が国経済社会の発展のために観光立国を実現することが極めて重要であることにかんがみ」とした上で、「観光立国の実現に関する施策を総合的かつ計画的に推進し、もって国民経済の発展、国民生活の安定向上及び国際相互理解の増進に寄与することを目的とする。」とされています。

　さらにデータで見ていただくと非常に分かりやすいと思うわけでありますけれども、大体定住人口1人減少分、日本は人口の減少局面にあるわけでありますけれども、1人減っていく際に、その消費金額を埋めるためには外国人旅行客8人分。国内旅行客、これは宿泊でありますけれども、23人分。国内旅行客、日帰りが73人分いれば、1人当たり減っていく人口における消費額を埋めることができるわけであります。それをもちまして、国は観光振興、いわゆる交流人口、観光人口の増加の方向にかじを切ったということであるわけであり

ます（図表2）。

実際にコロナが始まる前までは、その数の面におきましては大成功を示していたということでございます。図表3のグラフのように大成功です。2019年末はコロナでうまくいかなかったわけでありますけれども、3,000万人以上のインバウンド観光客が日本に来ていたということがあるわけであります。数の面は大成功を示した。

そして、交流人口を増やして、定住人口が減っていく分を埋める。それで消費してもらうということが目的でありますので、金額の面からはどうであるかといいますと、外国人消費額総額は、2019年は4兆8,135億円という、消費金額全体

図表2　定住人口と交流人口

・定住人口1人分減少分

・外国人旅行者8人分
・国内旅行者(宿泊)23人分
・国内旅行者(日帰り)73人分

(出所)北陸信越運輸局　観光部 (2019)『地域の活性化にかかる観光庁の諸施策について』.p3(https://wwwtb.mlit.go.jp/hokushin/content/000117748.pdf:2021年6月19日アクセス)より作成

資料

図表3　インバウンド観光客の推移（人）

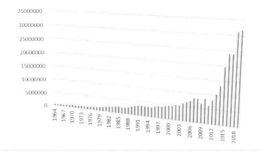

(出所)JNTO(2020)「年別 訪日外客数,出国日本人数の推移」
(https://www.jnto.go.jp/jpn/statistics/marketingdata_outbound.pdf:2021年5月14日アクセス)より作成

図表4　訪日外国人消費金額総額（単位：億円）

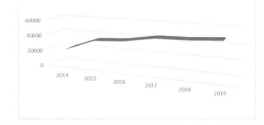

(出所) 観光庁(2015)(2016)(2017)(2018)(2019)(2020)「訪日外国人の消費動向　年次報告書」(http://www.mlit.go.jp/common/001084273.pdf, http://www.mlit.go.jp/common/001173130.pdf, http://www.mlit.go.jp/common/001179486.pdf, http://www.mlit.go.jp/common/001230775.pdf, https://www.mlit.go.jp/common/001285944.pdf, https://www.mlit.go.jp/kankocho/siryou/toukei/content/001345781.pdf:2021年5月13日アクセス) より作成。

としてもそこそこ成功はしたということが言えるわけであります（図表4）。

数の面と総額の面では、そこそこ成功したと言うことができるわけです。

そこそこという理由につきましてはこれからお話しさせていただくわけであ

りますが、訪日外国人１
人当たりの消費金額とい
うのはこのグラフを御覧
になれば分かりますよう
に、それほど伸びていな
いということがあるわけ
であります。客単価の面
から見てみますと、それ
ほど伸びていないという

図表 5　訪日外国人一人当たり消費金額（円）

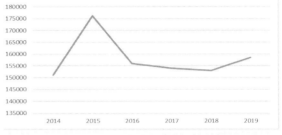

（出所）観光庁(2015)(2016)(2017)(2018)(2019)(2020)「訪日外国人の消費動向　年次報告書」〈http://www.mlit.go.jp/common/001084273.pdf, http://www.mlit.go.jp/common/001173130.pdf, http://www.mlit.go.jp/common/001179486.pdf, http://www.mlit.go.jp/common/001230775.pdf, https://www.mlit.go.jp/common/001285944.pdf, https://www.mlit.go.jp/kankocho/siryou/toukei/content/001345781.pdf:2021年5月13日アクセス〉より作成。

ことがこのグラフからもよくお分かりいただけるわけであります（図表 5）。
　したがいまして、また後ほどお話しさせていただきますけれども、訪日外国人
にしろ、国内の旅行者にしろ、観光客１人当たりの単価を増やすという方策が求
められているわけであります。これが観光政策の大体の概要であります。

横浜市の現状

　一方、横浜市の現状でありますけれども、これは横浜市の流入人口、流出人口。
15 歳以上の通勤に限っていったわけでありますけれども、横浜市から県内他市
町村への流入人口と流出人口が図表 6 のグラフで表されているわけでありますけ
れども、県内他市町村へというところはいわゆる勝ち越しているわけであります。
しかし、東京の面からいいますと、圧倒的に負け越している。流出している。通
勤人口でありますけれどもということでございます。東京にある会社にお勤めに

なられている方々が非常
に多いということがこの
図からもよくお分かりい
ただけるかと思います。
いわゆる横浜都民といっ
た形でよく言われている
ことはこの図からもよく

図表 6　横浜市の流入人口、流出人口（通勤）

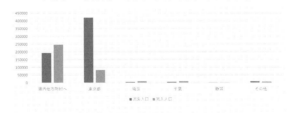

（出所）横浜市(2021)「長期時系列データ(人口・世帯)」〈https://www.city.yokohama.lg.jp/city-info/yokohamashi/tokei-chosa/portal/jinko/choki.html#F5D88：2021年6月22日アクセス〉より作成。

お分かりいただけるわけ
であります。

　これが影響していると
いうことであると思いま
すけれども、市税の決算
見込額につきましても会
社が少ないと。東京に勤
めている人たちが多いと
いうことでございますの
で、個人市民税の割合が

図表 7　令和 2 年度　市税決算見込み額（億円）

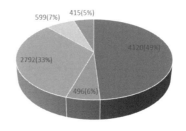

599(7%)　415(5%)
4120(49%)
2792(33%)
496(6%)

■個人市民税　■法人市民税　■固定資産税　■都市計画税　■その他

（出所）横浜市(2021)『令和3年度市税収入』(https://www.city.yokohama.lg.jp/kurashi/koseki-zei-hoken/zeikin/hsunyu/shuunyuu.files/03shuunyuu.pdf：2021年6月19日アクセス)より作成

非常に多いということは図表 7 からも一目瞭然であるわけであります。

　そして、日本全体の人口は減っていて、高齢化していくということは先ほど申
し上げたとおりでありますけれども、横浜市においても同様であると。定年の延
長等々により、労働人口を一定以上に保つということは可能であるかもしれませ
んけれども、それにも限度があると。労働人口、生産人口が減るということは市
民税を納める人が減っていくということでございますので、それをどうしていく
かということであります（図表 8）。

　横浜市の支出につきましても、どうしても義務的経費、人件費とか、扶助費とか、
公債費ですとか、あと、特に最近は医療ですとか、介護の費用が支出経費として
かなり計上されるようになっておりまして、その傾向はこれからも続くと。その

足りない金額をどうして
いくかということが横浜
市の課題になっていくと
いうことであるわけであ
ります。

　実際に通常の税収以外
の歳入源が必要であると
いうことでございました

図表 8　横浜市の将来人口推計値…年齢 3 区分の割合

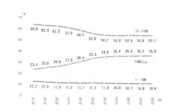

（出所）横浜市（2019）『横浜市将来人口推計』(https://www.city.yokohama.lg.jp/city-info/seisaku/torikumi/shien/jinkosuikei.html:2021年6月20日アクセス)

て、横浜市では既にやっております宝くじ収益金を公共事業に役立てているということでございまして、代表的な使い道としましては、子育て支援事業ですとか、保育所の整備ですとか、あとは老人福祉事業ですと高齢者等住環境整備等々。既にいわゆるギャンブルにおける収益を市のよいことのために使っているということは今現状でもあるわけでございます。

これはもう皆さんよく御存じだと思いますけれども、日本では偶然の事象に金品を賭けることは刑法 185 条と 186 条、187 条により、原則として禁止されている。しかしながら、特別法の存在によりまして、違法性が阻却されます。それで、日本におきましては合法的なギャンブルの存在が許されているという形になっているわけであります。この宝くじにつきましても当せん金付証票法の存在によりまして合法的に存在しておりまして、地方の財政に寄与している。横浜市においても同様であるわけであります。それで、ギャンブルを合法化するための特別法というのは、ギャンブルが社会的に意義のあることを行うために制定されてきたということでございます。

そして、宝くじを合法化した法律の目的でありますけれども、当せん金付証票法でありますが、この法律の第 1 条では、経済の現状に即応して、当分の間、当せん金付証票の発売により、浮動購買力を吸収し、もって地方財政資金の調達に資することを目的にするとなっております。現在でも役に立っているということであるわけでございます。これが後ほどお話しします特定複合観光施設区域整備法の説明にもつながってくるということでございます。

観光政策　モノ消費からコト消費

観光政策のほうに話題をもう一度戻させていただきたいと思います。交流人口、観光人口の流入による地域に対する経済効果につきましてですが、先ほど観光客1 人当たりの客単価につきましてお話しさせていただいたわけであります。売上げは観光客 1 人当たりの消費額×観光客の人数でありまして、人数的にはうまくいっていたわけでありますけれども、1 人当たり消費量につきましてはそれほどうまくいっていなかったということと、本当の経済効果、収益というのは、いわ

ゆる一般の企業でも同じであるわけでありますけれども、売上げから固定費、変動費を控除した額が本当の経済効果として考えることができるわけであります。

　客単価が伸び悩んでいるということでありますけれども、これはもう皆さんよく御存じのとおり、ＩＴ技術の革新によると。日本でなければ買えないものが減ってきたからということが言えるわけであります。ＩＴ技術の革新により(Evans and Wurster,1999) の主張するところのリーチとリッチネスの理論に従えば、「リーチが ＩＴ 技術、特にインターネット技術の普及により圧倒的に広がり、ついでリッチネスが近年、そのリーチの広がりに追いつきつつあり日本でなければ購買できないという比較優位性が薄れつつあることと、より高額な「モノ消費」を向上させるためには「モノ」にプラスしてその場でしか提供できない「コト」の提供が比較優位を保つために必須だからである。」と言っています。つまり、モノ消費からコト消費ということはよく聞かれたことでございます。コト消費の提供によって、より多くの消費金額を生み出そうという方向性が打ち出されたわけでありますけれども、コト消費の器を建設するのに莫大な建設的費用が必要であるということになりまして、その代表的なものがＭＩＣＥ施設であるということでございます。

ＭＩＣＥ施設の作り方

　国際ＭＩＣＥの外国人１人当たりの総消費額は図表９に描かれておりますけれども、大体通常の外国人観光客の倍ぐらいの消費をしてくれていたということであります。客単価が倍でありますので、そのＭＩＣＥ事業につきましては力を入れるべきだということが国としても方策を出されていると。

図表 9　国際 MICE の外国人一人当たり総消費額の比較（2016 年）円

(出所)観光庁(2018)「平成29年度　MICEの経済波及効果算出等事業報告書」p.92図表82」
(https://www.mlit.go.jp/common/001233265.pdf:2021年6月20日および観光庁(2017)「訪日外国人の消費動向
年次報告書」(http://www.mlit.go.jp/common/001179486.pdf:2021年5月13日アクセス) より作成.

客単価を上げる方策としてということであります。

　対して、造るのにお金がかかるという形でありますけれども、諸外国ではどう造っているかと言いますと、世界最大のＭＩＣＥ施設、ハノーバーメッセでありますけれども、出資比率は、市 が 49.9355 ％、州 が 49.9355 ％で、その他が 0.129 ％です。資本金は 2 億 2,900 万ユーロ (2009 年)、展示場面積は 46 万㎡で世界最大であり、1 号館は 7 万 3,000 ㎡ で世界最大の展示ホールとなっています。つまり、公的な機関がほぼ全て出資しているということであります。市及び州が出資している形態でありますが、現在の傷んだ自治体の財政状態を鑑みてみますと、日本におきましては、それはかなり難しいかなということが言えるわけであります。

　あと、税収によって、ＭＩＣＥ施設を造ったらどうかという話がございます。これはラスベガス・コンベンションセンターがそうであるわけでありますけれども、世界有数の大きなＭＩＣＥ施設であるわけであります。屋内スペース 297,600 ㎡、13 の展示ホール (180,479 ㎡) は、可動壁で分離可能。101,835 ㎡ 以上のロビーとコンコースエリア、144 の会議室（20 から 7,500 までの座席容量：柔軟に対応）です。こちらのほうは収益構造を見てみた場合でありますけれども、ほぼほぼルームタックス・アンド・ゲーミングフィーと。御存じのとおり、ラスベガスはカジノ、ＩＲの街でありますので、実質的にはゲーミングに関する課税ではないかということが言えるわけであります（図表10）。

　あと、もう一つの方法としましては、ＰＦＩ等を活用したＭＩＣＥ施設がございますけれども、ＰＦＩ等の元祖でありますイギリスでは、2018 年の予算案に関わる講演におきまして、政府が新

図表 10　ラスベガス・コンベンションセンターの収益構造（2019）米ドル

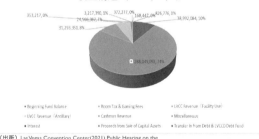

（出所）Las Vegas Convention Center(2021) Public Hearing on the Budget.p.1 (https://assets.simpleviewcms.com/simpleview/image/upload/v1/clients/lasvegas/Posted_Agenda_Book_May_26_2021_PHOB_807894f6-c00a-4f69-84f1-f84837 1af12d.pdf:2021年6月21日アクセス)

☆ラスベガスはカジノ・IRの街であり、カジノホテルが数多くあるので実質的にはゲーミングに対する課税ではないか（税の名目はRoom Tax & Gaming Fees）

たにＰＦＩ／ＰＦ２案件を実施しないと発表しまして、民間投資を活用する方針を打ち出しているわけであります。

　また、工夫によりまして、ＰＦＩ等を活用する方法はもちろんあるわけでありますけれども、決して万能ではないということがこの事実からお分かりいただけるかと思います。

ＭＩＣＥに関する留意点

　ＭＩＣＥに関する留意点でございますけれども、これは皆さん、催事に行かれる方はよく御存じだと思いますが、1施設で1催事だけをやるわけではないわけであります。これは開催時期が重なることがあるからと。学会等は特にそうであります。大規模なＭＩＣＥを開催するだけのために大規模な施設が必要なわけではないと。なぜかといいますと、大きな施設は同時に催事を複数行うことができるからであります。これは会場を区切る等の方法でという形でございます。近年ではそれを見越しまして、複数の催事を同時に行えるように弾力的に設計、運営がされているということがあるわけであります。私自身が日本国内はもちろんのこと海外において様々な学会等の催し事に参加し複数の関係者にインタビューを行っています。

IR事業は民設民営

　そして、ようやく本題にたどり着くわけでありますけれども、特定複合観光施設区域整備法でございます。これは民設民営でありまして、いわゆるカジノを合法化するための法律を通しまして、カジノだけではなくて、ＭＩＣＥ施設等の国際展示場ですとか、あと送客施設ですとか、宿泊施設ですとか、滞在に関する施設等々を造ると。あと、魅力増進施設を造るということが義務づけられているわけであります（図表11）。

　そして、あくまでも民設民営、いわゆる企業でありますので、民設民営であるＩＲ事業者の主な利害関係者はこのような形になっているわけであります。当然株主がいて、従業員がいて、取引先がいまして、顧客がいて、地域社会と。送客

図表 11　特定複合観光施設区域（IR）

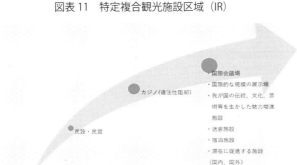

(出所) e-Gov(2018)『特定複合観光施設区域整備法』(https://elaws.e-gov.go.jp/document?lawid=430AC0000000080:2021年5月16日アクセス)第二条より作成。資料

機能等々も書かれておりまして、ＩＲが設置されている地域以外の地域も利害関係者に入っていくと。当然、金融機関も入ってきまして、地方自治体、中央政府、規制当局といったものもＩＲ事業者の主な利害関係者に入ってくるということであります（図表 12）。

　このＩＲ事業者は各利害関係者に対する責任を果たしていかなければならないわけであります。その責任が果たせない場合には、その存続は不可能であるということであります。各利害関係者に対する責任は相反する場合もあります。各利害関係者との関係をうまくマネジメントする必要がありまして、地域社会に対する責任のうちの１つは地域の活性化であります。前述の横浜市の税収の箇所で触れたとおり、地方自治体に対する責任の１つは税収増であるということであります。

　地域の経済の活性化でありますけれども、交流人口、観光人口の増加が必要で

図表 12　民設・民営である IR 事業者の主な利害関係

あると。モノ消費に加えて、コト消費の喚起が必要であると。客単価の上昇と固定費の削減が必要であると。顧客単価の上昇によって、数に頼った総収益の向上ではない方法が可能となると。コロナ前はオーバーツーリズムの問題が大きく取り上げられたと思います。それを避けることもできる可能性が出てくるということでございます。

自治体の税収

　税収増への責任でありますけれども、先ほど少し紹介しましたが、横浜市は宝くじの収益金をもう既に活用しているわけであります。宝くじを合法化する際の目的は「浮動購買力の吸収と地方財政資金の調達」であります。ギャンブルを税収増のために活用する手法は既に行っています。IRの場合は、ＧＧＲ、カジノが上げる収益の15％、日本人入場者の 1 人当たり入場料の 3,000 円が地方自治体に入り。そのほかにも法人税ですとか、そこのＩＲ事業所で働く従業員が納める市民税。そして、消費した場合には消費税が地方自治体に増収をもたらすということになるわけであります。

　通常、ＩＲの設置に伴う地方自治体への増収予測はＧＧＲ、いわゆるカジノが上げた収益に関する税金のみで計算されるわけではないということであります。これは各種報告書で記されているとおりであるわけであります。（図表 13-15）

　税収につきましては、米国の研究者でありますダグラス・ウォーカー博

図表 13　地域の経済の活性化

- 減少しつつある人口に伴う消費金額の減少を補うために「交流人口・観光人口」の増加が必要。
- 「モノ消費」に加えて「コト消費」を喚起し「観光人口」の客単価を上げ、総売り上げを増加し、固定費（初期投資に伴うコスト等）を出来るだけかけない場合、地域に純粋に還元される「収益」は増加し、地域の経済の活性化が図られる。
- IRにより「顧客単価の上昇（コト消費の喚起）」「固定費の削減（IR事業者によるコト消費を喚起する器の建設）」が図られる。
- 「顧客単価の上昇」により数に頼った総収益の向上ではない方法が可能となる（オーバーツーリズムを避けることが出来る）

図表 14　地方自治体への税収増への責任

- 横浜市では宝くじの収益金を活用している。
- 前述の通り宝くじを合法化する際の「当せん金付証票法」の目的は「浮動購買力の吸収」「地方財政資金の調達」である。
- 既にIRにおいて行おうとしている類似事項は横浜市で行われている。
- ＧＧＲ（カジノが上げる収益）の15％、日本人入場者の一人あたり入場料の3,000円が地方自治体に入る[1]。
- IRが設置された場合には、それに伴い設置される法人が納める法人税、そこで働く従業員が納める市民税、それに伴う消費税が地方自治体に増収をもたらす。

- [1] e-Gov(2018)『特定複合観光施設区域整備法』(https://elaws.e-gov.go.jp/document?lawid=430AC0000000080 2021 年6月23日アクセス)

士（チャールストン大学教授）と私はやり取りをしております。「あなたのお書きになったカジノミクスの第 7 章には、カジノの合法化は税収にマイナスの影響を及ぼすと結論づけていますが、これは

図表 15

- 通常、IRの設置に伴う地方自治体への増収予測はGGRに課せられる税金のみで計算されるわけではない。

（例）

横浜市がIRを設置した場合の増収効果

- 約600億円～約1,400億円（カジノ入場料、カジノ納付金、消費税、市民税、固定資産税等）

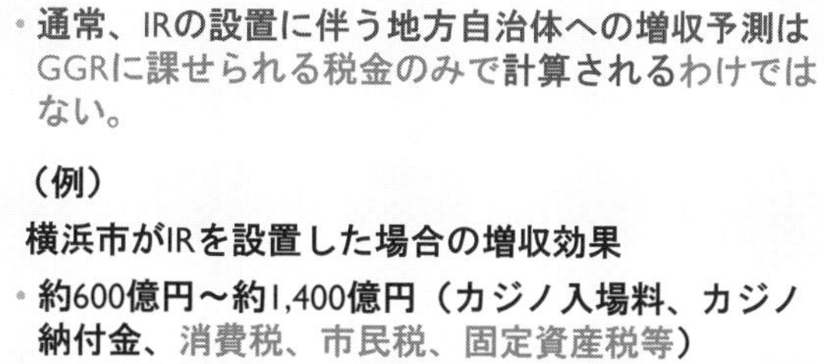

（出所）横浜市(2019)『IR（統合型リゾート）等新たな戦略的都市づくり検討調査（その４）報告書』p.152
(https://www.city.yokohama.lg.jp/city-info/seisaku/torikumi/IR/ir.files/irhoukoku4.pdf.2021年6月21日)

日本のケースにも当てはまりますか」と。ウォーカー先生からは、「その税収の分析はある期間のアメリカの州レベルの分析です。ツーリズムへの影響をも検討した場合は、カジノが州の税収に正の影響を及ぼすことになることを確信しています。その分析は変わった州税の形式と連邦政府からの移転の制度により、複雑になっています。日本におきましては、他の支出にかかる税率よりも、カジノにかかる税率が高い場合には税収の効果はプラスになるでしょう」という形の返信をいただいております。

　日本におけるカジノにおける収益、ＧＧＲにかかる税率はトータル 30％。内訳は、国 15％、地方自治体 15％でありまして、それに加えまして、トータル入場料 6,000 円。内訳は国が 3,000 円、地方自治体が 3,000 円という形でかかるわけでありまして、消費税は 10％でありますが、うち都道府県へは一旦 2.2％入り、市町村に人口に応じて案分されるということになっているわけであります。

　先ほどＩＲ事業者は企業であるという話をさせていただいたわけでありますけれども、当然のことながら、株主ですとか金融機関はリターンを期待しているわけであります。なので、経営が成り立つかどうかを考えながら投資をする。金融機関が資金を提供するということを行っているわけでありますので、将来の見通しがない場合には投資はしないわけであります。ラスベガスのあるネバダ州は、2021 年 2 月期にはゲーミング収益が過去最大となったと。あと、コンベンションセンターにしてみても、これ、税収がメインでありますけれども、ラスベガスのあるネバダ州は 2021 年 2 月期にはゲーミング収益が過去最大となりカジノフ

ロアーにおいても 80％ の稼働率に向かうだろうと予想しています。ラスベガスコンベンションセンターは 2021 年 6 月 9 日、10 億ドルかけた拡張工事を行い、2021 年 6 月に終了したということでございます。

　シンガポールにおきましても、2019 年 4 月に、拡張工事、追加投資をすることを決定したと。7,380 億円を追加投資すると。マカオにしましても、ホテル客室数は、2022 年には 2019 年度比 13％増加するということでございます。そして、シンガポールにせよ、マカオにしても、インターネットカジノは許可されておりません。そのようなことを考えながら金融機関、株主は資金提供していると。そうしないと、もともとボランティア活動ではございませんので、必ずリターンを求めるわけでありますので、それが成り立つと考えて、株主や、金融機関は納得して資金を提供しているということでございます。

　日本におきましては、コロナ禍における外国人観光客の意向調査というものを日本政策投資銀行が行っております。観光旅行したい国、地域としましてですけれども、日本の人気は一層上昇していると。アジアのトップの 1 位を維持する割合が上昇しているという形になっております。

　なおかつ、野村総合研究所によりますと、これは日本でありますけれども、純金融資産 1 億円以上 5 億円未満の富裕層及び 5 億円以上の超富裕層を合わせますと、今現在、132.7 万世帯であると。それは 2017 年より増加していると。これは株式などの資産価値の向上、金融資産の運用によるものとなっております。

　なおかつ、マカオ、シンガポールと同じように、日本におきましてもインターネットカジノでプレーすることは違法行為でございます。

　したがいまして、日本に参入意欲のある I R 事業者は COVID－19 後の世界とインターネットカジノの状況を鑑みて投資を行っていると。そもそもリターンがないと、見込みがない産業であるとするのであれば、投資はしないということであります。

　日本の金融資産の状況につきまして少しお話しさせていただきましたけれども、COVID－19 の後遺症によりまして、株式をはじめとします資産価値の向上により、富める人は富みまして、そうでない人々は経済的に苦境に追い込ま

れているように思われます。したがいまして、カジノで富裕層がプレーするということは自発的な富裕層による納税という側面もありまして、所得の移転の側面もあると考えることができるわけであります。

社会的な懸念事項

　社会的な懸念事項でございますけれども、シンガポールの事例と韓国のカンウォンランドの事例をお話しさせていただきます。

　シンガポールにおきましては、カジノがスロットマシン、競馬、宝くじがある中で導入されたと。ただし、カジノを導入する、ＩＲを導入する前に国家ギャンブル問題対策協議会ですとか、国家依存症管理機構ですとかを設立しましたので、依存症の比率というのはカジノを開業した後も下がり続けているということがございます。（図表 16）

図表 16　シンガポールにおけるギャンブル依存症比率の推移（%）

シンガポールがIR導入を決定(2005年4月)→国家ギャンブル問題対策協議会(NCPG)の設立(2005年8月)→国家依存症管理機構(NAMS)設立(2008年8月)→IR開業（2010年）

(出所)NCPG(2005)(2008)(2012)(2015)(2018)Report of Survey on Participation in Gambling Activities among Singapore Residents(https://www.ncpg.org.sg/en/pdf/publications-survey-gambling05.pdf, https://www.ncpg.org.sg/en/pdf/publications-survey-gambling08.pdf, https://www.ncpg.org.sg/en/pdf/2011_NCPG_Gambling_Participation_Survey_23_Feb_2012.pdf, https://www.ncpg.org.sg/en/pdf/2014%20NCPG%20Gambling%20Participation%20Survey_FINAL.pdf, https://www.ncpg.org.sg/en/pdf/Report_on_NCPG_Gambling_Participation_Survey_2017_final.pdf.2021年5月16日アクセス)より作成。

　一方、対比的に失敗した事例と考えられる韓国のカンウォンランド。内国人が唯一入れるカジノという事例に関係しますけれども、韓国の依存症の比率につきましても、射幸産業統合監督委員会設立と。国による依存症

図表 17　韓国における依存症の推移

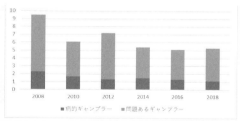

内国人が入れるカジノを1所開業(カンウォンランド：2000年)→射幸産業統合監督委員会設立（国による依存症対策が本格的に開始：2007年)→韓国賭博問題管理センターの設立（以前の中毒予防・治癒センターの人員の6倍以上、予算規模は3倍：2013年）

（出所）Korean Center on Gambling Problems(2021) "Statistics on problem gambling" (https://www.kcgp.or.kr/eng/statistics.do：2021年6月21日アクセス) および藤原夏人 (2016)『韓国のギャンブル依存症対策』『外国の立法269』国立国会図書館調査及び立法考査局, より作成。

対策が本格的にスタートして、比率は下がっているということが言えるわけであります。（図表 17）

　日本におきましても、依存症対策としましては、ギャンブル等依存症対策基本法が公布されまして、いわゆるＩＲ実施法が制定される前にされまして、なおかつ、その網の目は細かくなりつつあり、ギャンブル等依存症対策が行われつつあるというのが現状であるわけであります。

　犯罪につきましても、海外ではデータがかなり出ておりまして、観光客が増える以上は犯罪は増えると。軽微な犯罪が増えると。人が集まれば、増えることは増えるわけでありますけれども、海外においてはカジノによって、犯罪が増えるということはほとんどないと。「一般的なカジノが出来れば犯罪は増えるという説」は計算式が少し間違っているということがデータとして出ております。（図表 18）

　なおかつ、ＩＲが全てのいわゆる消費を吸い

図表 18　韓国における依存症の推移

- 米国ではカジノと犯罪との関係については数多くのデータに基づいた論文が発行されている。
- Walker(2013:邦訳 p246-260)[1]はカジノと犯罪との関連についての論文をレビューしかなりの数の論文はカジノができてそこに訪れる「旅行客」の人数を犯罪率を計算する際に考慮していないことを指摘した。
- 当然　(Cv＋Cr)÷Pr＞ (Cv＋Cr)÷(Pr＋Pv)　となる。
- Walker(2013:邦訳 p246-260)はまとめとしてReece(2010)[3]の論文を検証し「カジノが犯罪に影響を及ぼすという証拠はほとんど得られなかった点」を紹介している。
- また、Walker(2013:邦訳 p261-278)はカジノが周辺地域の商業不動産に及ぼす影響についても計量経済学的な手法で分析している。
- Walker(2013:邦訳 p261-278)はデトロイトカジノと周辺商業不動産の価格とを分析しデトロイトの場合にはカジノ内だけで全てそろうので周辺地域では購買行為をしなくなることはない（カジノの設置によって商業不動産の価格が上がったため：すべてカジノに消費が吸い取られた場合には商業不動産の価値は下がる）としている。

1. Walker,D.M.,(2013) Casinonomics The Socioeconomic Impacts of the Casino Industry,Springer 〔邦訳『カジノ産業の本質』(2015)仁木一彦 佐々木一彰監訳 日経BP社〕
2. Cv=観光客の犯罪被害者　Cr=住民の犯罪被害者　Pv=住民の人口　Pv=観光客数
3. Reece,W.S.(2010)"Casinos,hotels and crime"Contemporary Economic Policy,Vol.28,No.2,p.145-161.

取ってしまうことはありません。といいますのは、カジノの周辺商業不動産の価格が上がっていくからだという研究結果もあるわけであります。

カジノについての経済学者の論

　次に２人のノーベル経済学者の論を紹介しておきます。

　まず、ポール・サミュエルソンでありますけれども、「経済学の立場において、賭け行為に対しては相当に有力な否定的議論があり得る」と指摘しているわけでありますけれども、その後に、「賭け行為の是非に関しては経済外の倫理的、宗教的な根拠に立つよりほかない」と。そして、「現実的な考慮からしても、賭博を合法化することより組織化された犯罪を防止することになり得る」という指摘

もしております。

　一方、1992 年のノーベル経済学賞、ゲイリー・ベッカー教授でありますけれども、彼も同じようなことを言っております。ギャンブルを合法化する理由として、酒やたばこの税率ですとか、民間によって運営されているカジノの税率の高さにも触れておりますけれども、「ギャンブルによる歳入の増加よりも犯罪組織によって運営されている違法な施設でギャンブルをしたい人たちが賭けをしなくても済む」ということを挙げております。

　以上、2 人のノーベル経済学者の論を御紹介申し上げました。

　最後に「むすび」でございます。ＩＲは減りつつある定住人口に伴う消費を補う観光政策であるということと、客単価を上げるための方策が今後はさらに必要になってくるということであります。

　ＩＲ誘致は企業誘致でございます。今から 10 年ぐらい前、アメリカのニューハンプシャー州がＩＲの誘致をやめた経過がございます。その後、隣の州のマサチューセッツ州がＩＲタイプのカジノを設置しまして、2019 年に開業しました。その従業員の募集、5,000 人が募集されたわけでありますけれども、その募集に対して、12 万人以上の希望者が出たと。マサチューセッツ州というのはニューハンプシャー州の隣でありますけれども、周辺の州から、その応募に多数応募したということは聞いているところでございます。

　何かを行う際には、よいにしろ、悪いにしろ、付随する事柄が起きるということでありますが、悪影響が出ることを防ぐことは、事前に対策を取ることで可能であるということでございます。それは依存症の対策にしても同じであるわけでありまして、観光人口が増えることを念頭に防犯、治安対策も取る必要があるということであります。

　ＩＲ施設はかなり大きなものとなりますので災害対策、避難場所等、あと、現在であれば、動線をしっかり確保したワクチン接種会場等に転用されることが望ましいと。これは地域社会への貢献という意味でございます。

　これをもちまして、私の報告を終えさせていただきたいと思います。御清聴、ありがとうございました。

【基調講演２】

横浜市のＩＲ推進の問題点

鳥畑　与一

（静岡大学人文社会科学部経済学科教授）

　○鳥畑　　ただ今、御紹介をいただきました静岡大学の鳥畑です。本日は本シンポジウムで貴重な報告の機会をいただき、ありがとうございます。

　現在、横浜市では８月の市長選に向けて、ＩＲ・カジノが大きな争点となっています。様々な候補者名が飛び交っていますが、カジノの賛否が重要な試金石となっています。中には、ＩＲは賛成だが、横浜市のカジノ誘致は反対だという方まで現れました。もちろん市長選の争点はＩＲ・カジノだけではありませんが、横浜市がＩＲ・カジノをまちづくりの中核として打ち出している以上、横浜市の未来にとって、ＩＲ・カジノがどういう意味を持つのかについて、正確で冷静な議論が求められていることは言うまでもなく、本シンポジウムは誠に時宜にかなった企画ではないかと思います。

　さて、本シンポジウムは横浜ＩＲについて、証拠に基づいた政策決定、ＥＢＰＭが取り組まれているかの観点から検証するとしています。現在、いわゆる国が定めた日本型ＩＲの制度的欠陥が露わになる中で、ＩＲ・カジノを誘致する側の自治体において、ＥＢＰＭに基づいた政策形成が極めて重要になっています。

　経済効果の大きさで刑法の賭博禁止を阻却する、つまりカジノを合法化する論理の下、世界最高水準のＩＲ施設を条件とするため、投資規模が巨大化せざるを得なくなっています。この巨大投資を安定的に回収するためには、国が定めるライセンス期間が10年では足りないため、自治体とＩＲ事業者が取り結ぶ実施協定で、例えば35年にも及ぶ事業継続を実質的に保障する仕組みになっています。

　このことは持続可能性が乏しい不安定なカジノ収益に依存したまちづくり政策のリスクを高めることになっています。中途でカジノ依存のまちづくりから自治体の意思で脱却しようとすると、ＩＲ事業者に対して損失補填をしなければならない仕組みになっています。このような危険な道に踏み込む前にＥＢＰＭに基づく政策決定がなされているかの検証は欠かせません。

　本日の報告は、第1に政策の推進根拠、エビデンスが正しく市民に示されているのか。第2に、ＩＲ・カジノのビジネスモデルや制度設計の問題点が正確に示されているのか。第3に、カジノ依存のＩＲの持続可能性や、それが横浜市の経済と社会の発展を導くものであるのか。根拠を持って示されているのか。さらには、カジノありきでないＩＲの政策的探求がなされているのかについて、お話をさせていただきます。

政策の推進根拠、エビデンスが正しく市民に示されているのか

　一昨年8月の突然の白紙からカジノ誘致への政策転換以来、横浜市はＩＲ・カジノ実現に向けて邁進をしています。昨年12月にはＩＲ・カジノの経済効果を押し出したシンポを開催しました。このシンポでは、チャールストン大学教授のダグラス・ウォーカー氏は、「横浜市は人口が多く空港に近く魅力的／観光産業としてカジノは魅力、カジノが無い地域よりも選ばれる／税収増／ギャンブルができる恩恵は消費者の利益／カジノは依存症率を高めるが日本人は耐性が強いので一時的に増加しても横ばいに」と発言していますが、このバラ色の話の前提は「ワクチン接種でコロナ感染は収束し、コロナ以前のカジノ市場に回復」というものです。本年1月には約19万筆を集めた住民投票請求を、市長は「住民投票に意義は見いだせない」と意見を付し、横浜市議会は推進派議員多数で否決をしてしまいました。

「コロナ収束後」へ

　この横浜市のＩＲ・カジノ推進の前提は、コロナ終息後にはカジノ市場は完全

回復し、カジノの高収益に依存した巨大なＩＲによる経済効果は変わりがないというものです。しかし、今、世界のカジノ市場はオンラインギャンブルへの構造転換が加速化し、いわゆる地上型カジノの持続可能性が大きく揺らいでいます。

　MGM は iGaming への巨大投資を行っていますが、「この世界的パンデミックによって加速したビジネスのデジタル化がゲーミング産業にも該当することに気付く必要がある」(AGB Nippon、2021 年 1 月 7 日)と報道されるように、Land Casino(地上型カジノ)の収益性と持続可能性が問われ、米国ゲーミング協会も「カジノの Landscape が変貌した」としています。

　その象徴が昨年 1 月の横浜統合型リゾート産業展に参加していたカジノ企業の相次ぐ撤退表明です。最有力視されていたラスベガスサンズは期待する収益は無理だとして、昨年 5 月に早々と撤退し、その後、ウィンリゾートやギャラクシーが続きました。セガサミーも単独では無理として、ゲンティングのコンソーシアム参加となっています。

　今、日本のＩＲ・カジノ推進の前提条件が大きく崩れる中、もう止められないという思考停止で突き進んでよいのかということが問われています。米国の「アトランティック」という雑誌は、米国におけるカジノ依存の地域活性化策の失敗を検証しつつ、市当局がそのことを理解するまで驚くほど時間がかかったと記しています。

　昨年 2 月にマサチューセッツ州現地調査時に訪問したスプリングフィールドで、ＭＧＭカジノの経済効果の大きさが喧伝されているにもかかわらず、その周りは廃墟当然の街並みが広がっていました。古いアーケード街は閑散とした状況でした。

　私たちは過去の経験を学ぶことで、将来の過ちを繰り返すことは避けることができると思います。今、改めてカジノありきではない、寺島実郎氏が指摘されるように、「地域特性を熟考して、本当の意味での統合型リゾートを描き出す知恵」が求められていると思います。寺島実郎『 新観光立国論 』(45 頁)では、「カジノというコンテンツに飛びつく前に、地域特性を熟考して 本当の意味での統合型リゾート を描き出す知恵がこれから重要になる」と言っています。

　しかし、日本では成長戦略の柱として、「カジノではない、ＩＲだ！」として日本型ＩＲが推進されています。横浜市も市民向け広報紙等でＩＲへの期待を美しい絵柄を交えてアピールしています。

　横浜市のＩＲ・カジノ推進の最大の根拠は、税収増や滞在型観光振興による経済効果の大きさです。市民のＩＲ・カジノ支持の理由も経済効果への期待です。

　ＩＲをめぐる賛成派と反対派の意見対立は、推進派によるギャンブルの負の影響は認めつつ、それは抑制可能であり、経済効果がそれを大きく上回るという論理によって政治的に主導されてきましたが、それは横浜でも同じです。

　市はこの経済効果への疑問やギャンブル依存症増大への懸念からＩＲ・カジノに反対する市民を理解不足としていますが、では、横浜市はどのようなエビデンスを示してきたのでしょうか。正確な情報を示してきたのでしょうか。

　まず確認すべきは、市が語る経済効果がカジノ事業者から提供された情報、事業の見込みを単純に並べただけのものであり、市が責任を持って推計したものではないということです。それでも期待されるカジノ税収、例えば 1,000 億円だとすると、必要なカジノ収益は 6,667 億円と、最大 7,400 億円とされるＩＲ収益の９割を占めることになります。「頭隠して尻隠さず」といいましょうか、市が「カジノではない、ＩＲだ」と繰り返しても、カジノ事業者が示す事業の見込みは、収益的にはカジノ中心のＩＲだということを明確に語っています。

　次に、横浜市はＩＲ・カジノ推進のエビデンスを正確に示しているかという問題です。横浜市は外国観光客滞在者数増加が停滞をしている。日帰り観光客の比率が他地域に比べて異常に高いということから、横浜市の観光ブランド力アップのためにＩＲ導入が必要だと言っています。

　例えば、ある市民向け説明会では、市長はこのような説明を行っていました。

　しかし、そこで示される横浜市の観光客データというエビデンスはデータの出所が不明確なものとなっています。

　また、調査手法の違いで性格が異なるデータを横並べして、誤った結論に導いているのではないかと指摘したいと思います。

　まず、横浜市以外の地域では日帰り客の比率が５割だという根拠となる観光庁、

「旅行・観光消費動向調査」は、その地域住民に対して、旅行形態を二者択一的に問うものであり、この調査方法では神奈川県も5割となります。

　一方で、観光地での訪問客を対象とした調査では、日帰り客の比率は高めに出ます。

　これは横浜市が独自に行っているという調査になります。

　しかし「東京都観光客数等実態調査」では、日帰り観光客比率は9割を超えます。それぞれの調査手法のどちらが正確であるかという是非はさておき、調査手法の異なる、性格が全く異なるデータを並べて、横浜市の滞在型観光客のブランド力の低さを結論とすることは誤りではないかと思います。

　例えば、大阪府の外国観光客の消費額が1兆円を超えるというデータです。大阪府には関西国際空港（関空）があります。このように外国観光客がどの空港を使って入国するかという比率を単純に外国観光客の消費額全体に掛けて算出した数字が大阪府の1兆円を超える消費額です。ということは、関空に入った外国観光客は有り金全部を大阪府で使ってしまって他の地域に観光に回るというあり得ない想定をしていることになります。

　ところで、市のIR・カジノ誘致の最大の理由の1つがカジノ税収への期待です。少子高齢化によって、個人市民税の減少が予想される中、法人市民税やIR関連の税収が市民サービス維持のために不可欠というわけです。そこでは大阪市等との比較が論拠として示されていますが、それは関東圏と関西圏において、横浜市と大阪市が担う都市機能の特性を無視した乱暴な比較ではないかと指摘をしておきたいと思います。

　やはり重要なのは、IR・カジノからの税収増加だけを強調して、その裏側で発生する他の税収の減少や社会的コスト増加による市の財政支出増加を無視した一面的な強調になっていることです。カジノが地域の所得、消費力を吸収する結果、他の消費が減少することによって地域経済が衰退すれば、法人税、所得税等は減少することになります。また、消費税も減少することになります。アメリカでの消費税率が高い州の特性を前提にしたとしても、この点で市がシンポジウムで招いたダグラス・ウォーカー氏の「カジノで州の税収は増えなかった」という

発見は重要だと指摘しておきたいと思います。

　興味深いのはカジノ依存の地域経済を選択することで、他の成長産業を育成するチャンスを逃すことによって生じる機会損失の問題です。米国でもカジノ税収の伸び率が他の税源の伸び率を下回る傾向が指摘されていますが、例えば、シンガポールでもカジノ税収の伸び率の低さは顕著です。短期的にはともかく、長期的にはカジノ税収依存の財政は機会損失発生のリスクを冒すと同時に、一層の住民のギャンブル漬けによってカジノ税収を増やす選択を迫られることを指摘しておきたいと思います。

　また、国際観光客を増やすにはＩＲ・カジノが必要だというエビデンスとされるシンガポールの国際観光客増大も不正確です。ＩＲ開設後のシンガポールの国際観光客数の増大のみを示して、その有効性が結論とされますが、日本の国際観光客数と比較すると全く違う結論となります。つまりＩＲ・カジノがない日本のほうがはるかに国際観光客数と消費額が増えているのです。

　その理由はまさに日本が「自然、文化、気候、食という観光振興に必要な４つの条件を兼ね備えた、世界でも数少ない国の一つ」だからです。このような観光資源に乏しい都市国家であるシンガポールはＩＲ・カジノに頼らざるを得なかったのかもしれませんが、日本にはその必要性はないと思います。

　また、カジノが国際観光のキラーコンテンツという主張も怪しいエビデンスです。ある旅行会社の調査によれば、カジノそのものの魅力は極めて低いものとなっています。

国際観光競争力へ

　皮肉なことに、ＩＲ開設以降のシンガポールの国際観光客競争力は低下する一方です。日本はシンガポールに代わって、アジア１位となっています。その理由は自然、文化資源の優位性なのです。

　横浜市はＩＲ・カジノの反対は市民の理解不足だと繰り返しています。治安悪化への懸念も誤解だとします。しかし、犯罪件数は増加しています。国際観光客数を母数とした比率では大したことはないとされますが、地域住民にとって重要

なのは、自分たちが暮らす地域の治安悪化であり、エリア当たりの犯罪数こそが重要だと指摘しておきたいと思います。結局、住民自治の主人公である住民に正確なエビデンスが示されず、意図的に情報がゆがめられているのではないでしょうか。

ＩＲ・カジノのビジネスモデルや制度設計の問題点が正確に示されているのか

　第２の柱は、ＩＲ・カジノのビジネスモデルとその経済効果が正確に伝えられているのかという問題です。横浜市は、ＩＲではカジノの面積は３％以下であり、97％を占めるＭＩＣＥやエンターテインメント施設こそがＩＲの主役であり、そこから大きな経済効果が生み出されるとします。

　世界最高水準の巨大なＩＲを支え、公共政策として新しい公益を生み出すカジノは刑法の賭博罪が阻却されると政府は言います。しかし、先ほど述べたように収益的には８割前後をカジノ収益に依存するカジノ中心の施設がＩＲにほかなりません。なぜでしょうか。

その理由は投資側が投下資本収益率として20％を基準としていることです。撤退したラスベガスサンズは最低20％の投下資本収益率を掲げ、その条件を満たすことができなくなったとして、昨年、撤退をしました。

　ＩＲを盛んに強調するメルコ・リゾーツの儲けの９割はカジノです。シンガポールのゲンティングが昨年１月の臨時総会で、最大100億ドルの対日投資を決定しましたが、その条件はマカオ、シンガポール並みの収益力であり、20％前後の投下資本収益率です。収益性が低いとされる97％分も含めた全体の投資額に対して、20％の投下資本収益率を実現しようとすれば、ＩＲ収益の大半、９割をカジノが稼がなければなりません。

　このようにカジノ事業者の対日投資の前提条件は日本のカジノ合法化でマカオ並み、シンガポール並みのカジノ収益がライセンス獲得による独占的な利益で実現するということでした。日本市場は天から円が降ってくるように儲かる新天地

に見えたわけです。

　実際、マカオの市場開放以来、19 年までにもたらされたカジノ収益は 45 兆円を超えます。課税後でも 26 兆円を、独占的営業権を得た 6 社が山分けをしたわけです。

　香港の投資銀行ＣＬＳＡの日本のカジノ収益予想の前提は、マカオ並みに日本人が賭博で負けてくれるという条件でした。しかし、この前提条件がコロナ禍によって大きく揺らいでいます。その検証作業が行われないままにＩＲ・カジノの誘致が進行しているということも指摘しておきます。

　さて、本当にカジノ収益を収益エンジンとしたＩＲは期待されるような経済効果を生み出すのでしょうか。まず、ＩＲ・カジノというビジネスモデルについて確認します。ＩＲの 97％部分の施設は 3％のカジノに客を誘導するための集客手段ではないかということです。そして、カジノに誘導した後、ギャンブル依存症状態に誘導することで収益力を最大化させるビジネスモデルではないかということです。

　ラスベガスではカジノ目的ではない客の大半にカジノを経験させ、最大の消費をさせ、そして、リピーターにしていく様子がデータで確認できます。
また、集客のためにカジノ収益を還元したコンプと呼ばれる料金サービスが広範に行われており、地域から客を奪い、その客をＩＲ内に閉じ込める仕組みとなっています。

　しかし、この集客装置としてのＩＲは巨大な人工物でしかなく、いわば、資金力さえあれば、世界中で造れます。その競争力維持のためにＩＲ施設への巨大投資とそのリノベーションのために絶えざる投資が必要となり、そのためにより大きなカジノ収益を必要とする典型的な箱物依存の三密のビジネスモデルがＩＲ・カジノではないでしょうか。

　ところが、ＩＲ収益の収益エンジンとしての地上型カジノの高収益性が今、揺らいでいます。世界最大のマカオ市場は依然厳しいコロナ感染対策が続き、中国、香港、台湾客の条件つき訪問以外は禁止され、カジノ収益の大幅減少が続いています。顧客層の富裕層からハイミドルへの移行も続き、中国富裕層が日本のカジ

ノ市場の収益源となる展望は暗くなっています。

　米国市場では昨年の全面的なカジノ閉鎖以降、カジノ収益の低迷が続いています。

　ワクチン接種の拡大で回復への希望が高まっていますが、注目すべきは地上型カジノの収益減少の一方で、オンラインでのスポーツ賭博やオンラインでのカジノの収益が急増していることです。英国では既にオンラインカジノ開放後にオンラインカジノへの構造転換が進んでいますが、同様のことが米国でも起きつつあります。先駆けてオンラインギャンブルに取り組んだアトランティックシティーは今や4分の1がオンラインからの収益です。

　特にコロナ感染下でのオンライン賭博収益の拡大は著しく、アトランティックシティーの地上型カジノの大幅な収益減を大きくカバーするに至っています。今、このオンラインへの移行がゲームチェンジャーとして注目されていますが、これが一過性の現象なのかどうか、検証される必要があります。

　米国のゲーミング協会自身がこのオンラインでのスポーツ賭博やオンラインカジノの拡大に力を注いでいます。2018年に米最高裁がスポーツ賭博の合法化判決後、米四大プロスポーツとAGAの提携でオンラインでのスポーツ賭博が急成長で重要な収益源になっています。

　米国の大手カジノ企業もこの分野に戦略的投資を集中させています。MGMは、BetMGMの画数を統一、BetMGMを通じたオンラインギャンブルに集中するよう戦略転換しました。投資家向けプレゼンテーションでは、戦略の柱として対日投資は消え、BetMGMを通じたオンライン戦略のみが強調されるようになっています。

　その背景には経済のデジタル化の急速な進行と同時に、地上型カジノで築き上げた顧客をオンライン賭博に誘導することで高収益を実現できるという発見があります。ＭＧＭリゾーツによれば、モバイル端末を活用した従来のカジノに加えたオンラインでのカジノとスポーツ賭博の収益率が格段に向上するとされています。日本のＩＲの未来は、FT（4月28日）が「日本が約650億ﾄﾞﾙ規模のスポーツ賭博市場のオンライン解禁の議論を始めた」と報道するように、MGMがIRを

橋頭保にした対面型と遠隔型のマルチでのギャンブル展開を日本でも行う可能性を指摘したいと思います。

　欧州でも近年オンライン、とりわけモバイル端末を活用したギャンブルが大きく成長していますが、この流れがコロナ感染によって加速したのではないでしょうか。

ＩＲの収益の大半を占めるカジノの経済効果について

　次に、このＩＲの収益の大半を占めるカジノの経済効果についてです。ギャンブルは偶然性に対する賭けで、金品がポケットからポケットに動くだけのゼロサムの行為です。もちろんそれが商業的に営まれるときには一定の経済効果を生み出しますが、それが当該地域経済等にネットでのプラスの経済効果を生み出すためには幾つかの条件を満たす必要があります。

　例えば、カジノ側でプラスの経済効果が生み出されたとしても、そのマネーが地域から吸収された場合は、いわゆる代替効果、またはカニバリゼーションをもたらすことになります。また、ギャンブル依存症等による社会的コストの増加も含めなければ、社会全体にとって、ネットでのプラスの経済効果を生み出しているかは結論できません。

　社会的コストについては様々な推計が存在し、社会的コストが経済効果を上回るケースもあることが示されています。少なくとも横浜市が最も信頼できると考える手法で、社会的コストの推計を市民に示す義務があるのではないでしょうか。

　経済効果についてはカジノ企業側のプラスの経済効果だけではなく、その収益源がどこからもたらされたのかによって、大きなマイナスの経済効果が発生することも考慮されなければなりません。カジノの儲けが地域経済の消費力を奪うことによって実現する場合、地域経済に大きなマイナスの経済効果が発生し、また、それは大都市部への一極集中や貧困格差を拡大することになります。

　また、経済効果の推計モデル自体も、その直接効果をもたらす消費が何を源泉にするのかを問わない限界を持っていること、そして米国ゲーミング協会の経済

効果推計がギャンブルの負け額そのものを直接効果に入れていることの問題点も指摘しておきたいと思います。

　さて、商業的ギャンブルは不可避的にギャンブル依存症を生み出します。それはカジノ事業者側の収益性が「デザインされた依存症」と言われるように、顧客の依存症状態への誘導に依存しているからと言えます。公営ギャンブルと異なり、カジノ側が顧客と賭けを行い、負ける可能性もあるカジノでは、ハウスエッジと呼ばれる低率での有利な勝ち率の設定を行うことでカジノ側の収益を実現しますが、この仕組みは客が途中でやめることなく、延々とギャンブルを続けることを必要とします。

　ところで、シンガポールの依存症対策が大きな効果を発揮していることが日本の依存症対策の有効性の根拠とされていますが、シンガポールの依存症率低下は市民をカジノに行かせない政策が効果を発揮したのだと考えます。市民のカジノ参加率は７％から２％に大きく減少しています。

　ここで大きな効果を発揮したのは、厳格な自己排除制度による入場抑制政策です。家族申請と自己申請により、市民の入場禁止数が一貫して増大していますが、最新の３万人という数は市民の参加率から推計されるカジノ人口６万人の半分に相当します。

　米国における全米規模の調査でも決して依存症率は減少しておらず、カジノ周辺の住民、そして、週２日以上やっている常習者ほど依存症率が高い結果となっております。大都市部に巨大カジノを造ることの問題点も指摘しておきたいと思います。

　世界最高水準とする日本の依存症対策、とりわけ７日間で３回、日をまたげば12時間で週６日カジノができる入場回数制限では効果は全く期待できないと考えます。

カジノありきでないＩＲの探求が真剣になされてきたのか

　最後に、横浜の魅力を生かしたＩＲ・カジノはカジノなしでは無理なのか。カ

ジノありきでないＩＲの探求が真剣になされてきたのかについて述べさせていただきます。

　ＭＩＣＥはカジノなしには無理なのかについてです。世界水準のＭＩＣＥ施設のためには、公的資金だけでは無理、民間資金だけでは無理、だから、カジノ収益が必要とされていますが、実は世界のほとんどのＭＩＣＥ施設はカジノとは関係なく建設され、運営されています。日本でも官民連携によるＭＩＣＥ施設建設が行われており、その成功例の一つが横浜市のコンベンションセンターです。

　内閣官房のワーキングでも探求されているのは公的関与の在り方であり、カジノ依存ではありません。

　ラスベガスでは確かにカジノ企業が運営するＭＩＣＥ施設もありますが、中核はラスベガス・コンベンションセンターであり、ここを軸にした戦略的なＭＩＣＥ推進ですが、ここにカジノ収益は使われていません。

　独自のＭＩＣＥ戦略が集客効果を発揮し、部屋税を収益源としたＭＩＣＥ戦略を支えるという好循環が威力を発揮しているのではないでしょうか。

　この点で、横浜ハーバーリゾート協会が提案しているＭＩＣＥを軸としたカジノに依存しないＩＲ構想を横浜市は真剣に検討する必要があるのではないでしょうか。

　実際に横浜パシフィコによって官民連携によるＭＩＣＥを推進し、大きな経済効果を発揮させて来た横浜市にはそのノウハウと人材が豊富に存在しているのではないでしょうか。

　ところで、東京都の委託調査ではカジノ抜きのＩＲの採算性についても検討され、採算確保は可能だとされています。投下資本収益率20％を達成するにはカジノが必要だというわけですが、ＭＩＣＥそのものでそのような高収益は必要ありません。ＭＩＣＥから生み出される経済効果こそが重要なのであり、ハコモノの運営で儲ける必要がないのがＭＩＣＥのビジネスモデルではないでしょうか。

　横浜の未来、ＳＤＧｓを標榜する限りはギャンブルに依存しないまちづくりが必要です。

ＩＲカジノという衰退産業に横浜の未来を託す愚

　最後に、ＩＲカジノという衰退産業に横浜の未来を託す愚を強調しておきたいと思います。

　まず、日本型ＩＲの制度設計の前提が崩壊したのではないか？ということです。

　カジノの高収益で巨大なＩＲ施設を建設し運営するというスキームは、①来日外国観光客の激減と回復の困難、②日本の家計や中小企業経営者の疲弊、③中国ギャンブラーが来日する期待の低下、④新たな感染症リスクの高まり、⑤オンラインへのカジノ市場の構造変化、⑥投機的格付けのカジノ企業の経営体力の消耗などで、大きく崩れたのではないでしょうか。

　巨大な地上型カジノに客を押し込んで24時間365日密集状態でギャンブル漬けにするビジネスモデルは衰退期に突入したのではないでしょうか。カジノの高収益性が崩壊した下で100億ﾄﾞﾙ規模の過大投資を行い、期待した収益率が実現しない場合、依存症対策の規制緩和を通じた市民のギャンブル漬けの深刻化など過大投資の付けが自治体に転嫁される危険性があるのではないかと思います。カジノ依存のMICE戦略や観光戦略からの脱却を真剣に検討する必要があります。

政府基本方針の問題点、危険性

　次に、政府基本方針の問題点、危険性についてです。基本的な問題点として、

　①カジノ企業の高収益前提の大規模施設要件の維持（コロナ禍のカジノ市場の構造変化を無視した過大投資の枠組み維持）、

　②ＩＲ事業のリスクに関する自治体負担の可能性、

　③区域整備計画（ＩＲ区域と周辺区域の費用負担）、

　④事業期間の長さ（35年、30年とＩＲ事業者の財務基盤の評価の齟齬）、

　⑤ＩＲカジノの経済的社会的効果を科学的に評価する仕組みの欠落、

　⑥実施方針～実施協定の２階構造の不透明性（実施協定は概要のみ公表）など

が挙げることができます。

　「実施協定においては、ＩＲ事業が実施協定に従って適切に運営されているにも関わらず、都道府県等 又はＩＲ事業者のいずれかが必要な手続を行わないことに より認定の更新がなされない場合（都道府県等の行政府の判断による場合、ＩＲ 事業者の判断による場合のほか、都道府県等の議会の同意が行われないことによる場合を含む 。）における補償について規定することも可能である」、

　「都道府県等とＩＲ事業者との間の実施協定においては、都道府県等の申請により認定の取消しが行われた場合における補償について規定しておくことも可能」42 頁などと記載されていますが、投資規模が膨張し、かつ投資回収期間が長期化するほどリスク転嫁が増大することになります。

　最後に、改めて、ギャンブルに依存しない持続可能な成長が世界のトレンドであるということを強調しておきたいと思います。

　御清聴、ありがとうございました。

【報告1】

市民から見た横浜市のIRカジノ推進の問題点

菅野　隆雄

（カジノ誘致反対横浜連絡会事務局長）

　○菅野　　どうもこんにちは。今日は横浜市のIR推進を考えるシンポジウムということで、神奈川大学の法学研究所が開催されて、大変ありがとうございます。。私は今、御紹介いただきましたカジノ誘致反対横浜連絡会の事務局長の菅野と申します。よろしくお願いいたします。

　私は大きく言って、2つのことについて報告をしたいと思います。1つは、私たちの連絡会の活動の報告、それから、もう一つは、横浜市民から見た横浜のIR・カジノの問題点ということで報告をしていきたいと思います。

　今、映っているのは山下埠頭の全景の写真ということになります。今、もう既にこの写真の左側のほうの倉庫部分は撤去されて、更地になっているという状況になっています。スライド1はマリンタワーから写した写真なのですけれども、

遠景のほうにベイブリッジが見えるということで、立地条件が横浜港の中でも非常にいいと言われております。ですから、そういう点では横浜

スライド1

市の林市長がIRのカジノを誘致するということについての関係で、私たちはやはり市民の財産であるこの横浜の山下埠頭についてはカジノではなくて、横浜市民が憩える場所、そういうことで活動をしていこうということで、今、訴えているところであります。

スライド2

　スライド2は、私たちが行いましたカジノの是非を求めるということで、住民投票条例の制定の直接署名を横浜市に提出したところの写真であります。昨年、2020年12月23日、署名数につきましては19万3,193集まり、署名を横浜市に提出をしたという日の写真であります。

これまでの横浜連絡会の活動

　それでは、私たちの連絡会の活動ということで報告をしていきたいと思います。

2014年から2016年

　最初に、2014年から2016年ということで報告をしたいと思います。1つは、国会でのいわゆるカジノの解禁法案が提案されているわけであります。

　私たちは2014年6月10日にカジノ誘致反対横浜連絡会ということで、その準備会を結成したわけであります。この2014年6月といいますのは、全国でも今、反対の運動が行われていますけれども、一番最初に市民団体ということで結成された団体になっています。この6月10日につきましては、私たちは、カジノについての反対の解禁法案の学習をしました。

　9月10日に正式に連絡会が発足したということで、このときは特にギャンブル依存症の関係についての学習をしながら、連絡会を結成することにしたところであります。特に依存症につきましては後で報告があると思いますけれども、依

スライド3

・ 国会でカジノ（ＩＲ）推進法案提案
カジノ誘致反対横浜連絡会結成、集会・
学習会・署名活動などを展開

2014年-2016年

2014年
6/10　カジノ誘致反対学習会
　　　カジノ誘致に反対する準備会
9/10　カジノ誘致反対学習会
　　　カジノ誘致反対横浜連絡会結成
11/25　誘致反対署名を3000筆提出

2015年
6月　陳情署名「横浜にカジノ（賭博
　　　場）誘致は反対・山下ふ頭は市
　　　民が憩い文化が薫る地域に再開
　　　発を求めます」に取りくむ
9/27　「ヨコハマにカジノはいらない」国際
　　　集会
10/21　5266筆の署名を市に提出

2016年
12月　「横浜にカジノはいらない」緊急市
　　　民集会に200人が参加

市民集会を開催　＝山下公園

存症者の問題、そしてまた、その方の家族の問題、そういったことについて大変
衝撃的な講演を聞きましたので、ぜひ参加者については、カジノについて、さら
に反対をしていこうということで結成をしたところであります。

　その結成をした後に、やはりカジノについての横浜市への誘致反対署名をして
いこうということで、11月の段階ですけれども、約3,000筆を集めて、横浜市
に提出をしたという状況になっているところであります。

　翌年でありますけれども、やはり山下埠頭ということで言われていましたので、
私たちは陳情の署名の関係について、誘致の反対ということは当然でありますけ
れども、山下埠頭は市民が憩い、文化が薫る地域に再開発を求める。この2つを
主な署名の内容として進めてきているという状況になっているところであります。

　2016年の最後でありますけれども、12月に横浜にカジノは要らないというこ
とで、緊急の市民集会を開催したところであります。山下埠頭のついている根っ
このところで集会を行ったという状況になっています。

2017年、2018年

　スライド4は2017年と2018年の関係ですが、特に2017年のときは7月30日に林市長の3回目の選挙があったわけですけれども、このときにカジノの関係については、林市長がカジノ隠しということで、突然白紙だということで言ったわけでありますけれども、そういう点で市民がだまされたということの今でも大変根強い声があります。ここの3選のカジノ隠しの関係では後で詳しく報告しますけれども、このことについては今でも非常に尾を引いているという状況があるのではないかなと思っています。

　引き続き、署名を行いまして、12月のときには1万2,000筆以上の署名を市に提出をしたという状況になっているところであります。

　そして、2018年7月20日ですけれども、このときはカジノのIR実施法が参議院で可決されたという日になっています。このときに私たち連絡会としては、

スライド4

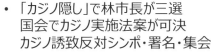

・「カジノ隠し」で林市長が三選
　国会でカジノ実施法案が可決
　カジノ誘致反対シンポ・署名・集会

2017年-2018年

2017年
3/22　市役所包囲宣伝行動
7/30　「カジノ隠し」で林氏市長選三選
12月　 5日・19日に街頭署名。カジノ反
　　　 対署名12791筆を市に提出

2018年
6/9　 横浜カジノ反対・山下ふ頭を市民
　　　 の憩いの場にシンポジウム
7/20　 カジノ（IR）実施法案可決。横浜
　　　 駅高島屋前広場で行った、与党に
　　　 抗議・怒りの署名行動で374筆
11/18　「横浜カジノ反対・山下ふ頭は市
　　　 民の憩いの場に」市民集会に250
　　　 人が参加
12/19　横浜カジノ反対署名・6107筆を市
　　　 に提出

市役所包囲行動

市民集会（山下公園）

横浜駅の高島屋の前で署名を行ったわけでありますけれども、そのときは市民の方も非常に怒りに怒っていたという状況の中で、1 時間ぐらいの署名でありましたけれども、374 筆ということで、大変多くの方の署名を集めたところであります。私たちはこの時期から、やはり横浜市民の中ではカジノについての反対が引き続き根強いのだという確信を持って、今もって、引き続き活動している状況になっています。

　私たちは、やはり市民との関係で、もっと野外に出て知らせていこうということで、11 月 18 日には再び山下公園で集会をしました。このときは 250 人が参加をしたということになりますけれども、この写真の後ろのほうの左の建物がホテルニューグランドとなります。ですから、私たちは、もし山下埠頭にカジノができれば、ニューグランドに泊まる人がいないのではないかというぐらいの訴えをして集会を行ったところであります。

　その年の暮れには、引き続きカジノの署名を 6,107 筆提出したという状況になっています。

2019 年

　2019 年のときでありますけれども、スライド 5 の一番上の写真は山下埠頭の入り口にちょうど港湾の労働者の方たちと一緒に「ミナト・横浜にカジノはつくるな！」ということの横断幕を掲げたところであります。山下埠頭に出入りするトラックの運転手さんをはじめ、業者の方たちはこの横断幕に大変勇気づけられて、私たちとともにカジノについての反対をしているということについて、私たちは大変心強く思っている状況であります。

　そして、この年については、やはり一番大きなものとしては、8 月 22 日に市長がカジノ誘致を表明するということで、一番下の写真でありますけれども、その日は緊急に連絡会として、横浜カジノ反対の署名を行いました。8 月 22 日ということで行くと、林市長は今までずっと白紙だというように言ってきたわけですけれども、横浜市民に相談もなく、意見を聞くこともなく、突然に発表したということで、この日を境にして、非常に多くの方たちがカジノについての反対を

スライド5

2019年1月-8月

3/5	港湾労協と共同し、山下ふ頭入り口にカジノ反対の横断幕
5/27	市、IR事業者からの提案を受けたことを報告。カジノ誘致の姿勢顕わに
6/25-26	市がIR説明会。「カジノ反対」の意見が多数。
7/3	市長記者会見で「カジノなしのIRはない」「住民投票考えない」と誘致を強調
7/8	カジノ断念など5項目を横浜市に申し入れ
8/22	市長がカジノ誘致を表明、カジノ誘致反対横浜連絡会が誘致に反対する署名宣伝行動

- 市長がカジノ誘致表明
「住民投票でカジノの是非を」と
幅広い市民の共同で運動を大きく

するという活動に参加されたということになっているところであります。

　さて、そういう中で、それでは、横浜市の林市長がいわゆるカジノの誘致をするということで、私たちはどうしようかということになったわけですけれども、

　10月3日に私たち連絡会が「横浜にカジノはいらない！市民集会」を開催して、ここには1,000人以上の方が参加をしたわけでありますが、やはり住民投票をやっていこうということで、住民投票を進める受任者の登録を開始したところであります。

　また、私たちの運動の呼びかけに多くの団体が参加をされてということになりますけれども、11月6日にカジノ誘致反対の関係でいうと、カジノの是非を問う横浜市民の会ということで、私たちも入った、さらに多くの団体が入りました活動の母体ができたという状況になっているところであります。

　12月4日からは、横浜市の林市長が出たものもありますけれども、こういった説明会を横浜市が強行的に開催するという状況になっています。

　私たちはそういう市の動向の関係も含めてでありますけれども、もっともっと

カジノについての是非を問う横浜市民の声を集めようということで、12 月 22 日には山下公園でまた 2,000 人の集会を開催しているところであります。

2020 年

　さて、そういう中で 2020 年になったわけでありますけれども、1 月 14 日には、今も秋元司議員の問題がなっていますが、国会のカジノの疑惑チームが横浜に入って調査をするということもありました。

　また、推進協議会のほうが 1 月 29 日から 30 日にパシフィコ横浜で、横浜 I R リゾート展を開催するということで、反対の集会を開催したという状況になっています。

　そして、2 月 22 日は全国のカジノシンポジウムということで集会を行うというようになったところであります。

　また、この年については、女性の方が赤ちゃんが抱いているポスターがありますけれども、9 月 4 日から 11 月 4 日まで、カジノについての署名を行うということで、受任者が 4 万 3,500 人になったところで、私たちの運動を進めている方たちも含めて、住民投票条例を進める署名を行うというようになっています。この間、コロナの関係で運動が大変萎縮されたといいますか、できなかった時期もありますけれども、11 月 13 日には署名数としては 20 万 8,000 ですけれども、有効投票が 19 万 3,193 ということで署名を出したという状況になっています。

　横浜市の場合は 18 の行政区がありますので、18 か所の区役所に全てこの署名を出したということになっています。

　その後でありますけれども、私たちは今年になりましてから、この 1 月 6 日から 8 日まで、カジノについての住民投票条例を制定するように市議会での議論があったわけですけれども、結果的には私たちの願いがかなうということはなりませんでした。自民党、公明党の方の反対が 51 と、立憲フォーラム、あるいは共産党の議員の方の関係が 34 人で、いわゆる少数否決というようになったわけですけれども、引き続き、私たちはカジノについて反対をしていこうということで新しい組織ということで、「カジノ反対の市長を誕生させる横浜市民の会」を結

成して、現在に至っているということについて、今日、最近の報告をしていきたいと思います。

横浜市民から見た横浜のＩＲ・カジノの問題点

　それでは、なぜ私たちがカジノについて反対をしているのかということなのですけれども、これは神奈川新聞の調査になります。2019 年 9 月 17 日ということで、林市長が 8 月 22 日に誘致表明しましたけれども、その後、神奈川新聞が行った調査でありますが、市民の約 64％が誘致に反対をするということで、やはり市民の多くが私たちもカジノについては横浜は反対だということを多く思っているわけです。

　反対の理由として、カジノがイメージにそぐわないということが 30％あります。やはり横浜の関係でいいますと、港・横浜ということを大変多くの方々が思っていると思いますが、港にカジノはそぐわないと。賭博場はそぐわないということを思っている方が非常に多いということが言えると思っています。その 3 番目のところに、他の政策を優先させるべきだというのが 23％ありますけれども、これは後でどのようなこ

スライド 6

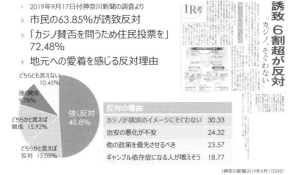

（神奈川新聞2019年9月17日付）

となのかということをまた私のほうから詳しく報告をしていきたいと思います。（スライド 6）

スライド7の表はそれぞれ日本の代表的な政党の関係で、自民党から日本維新の会までありますけれども、いわゆるそれぞれの政党の調査でも、日本維新の会の方は別としても、多くの方は反対をしているということが分かると思っています。

スライド7

自公の賛成で誘致関連費を可決 (17日、市会政策・総務・財政委員会)
各政党支持層のカジノ誘致賛否は

自民党	反対	45.21%
	賛成	44.22%
公明党	反対	62.00%
	賛成	24.00%
日本共産党	反対	85.00%
	賛成	7.50%
立憲民主党	反対	78.98%
	賛成	14.65%
社会民主党	反対	80.00%
	賛成	10.00%
国民民主党	反対	69.23%
	賛成	30.77%
日本維新の会	反対	22.23%
	賛成	50.00%

自民、公明支持者にも打って出ることができる条件が拡がっている

（神奈川新聞2019年9月18日付）

す。ですから、日本にカジノは要らない、横浜にカジノは要らないということはもうこれを見ただけでもはっきりしているのではないかなと思っています。

　さて、そういう点で、林市長のIR・カジノ誘致は市民の気持ちとかけ離れているということで報告をしていきたいと思います。

　1つは、2017年の選挙公約からの逸脱ということです。第一に、IR・カジノについては、2017年の市長選挙について、市長は明確に選挙公報でも届け出ビラ1号でも記載をしていないという状況になっています。つまり、林市長は「IRカジノ誘致」の表明はなく、市民の審判を受けていないと言えます。第2に、林市長は、立候補した時は「白紙」と言いました。第3に、神奈川新聞アンケートで「市民の皆様のご意見を伺って適切に判断していくべきで、今は白紙」と回答しています。第4に、それ以降の再三の記者会見でも「ニュートラル」などと説明していました。しかし、調査委託や事業者提案などは進めると言っていました。

　次に、住民投票条例の制定の態度の関係でありますけれども、2020年9月4日から11月4日まで行いました住民投票条例の関係では、「住民投票条例制定を求める市民署名」19万3193人を市へ提出したのですが、署名数が法定投票数の約6万を超えると林市長は「市議会で可決されれば住民署名を実施します」と言いました。そして、さらに投票数が増加すると「住民投票で反対が多ければ尊

重します」と言いました。しかし、林市長が 2021 年 1 月 6 日から 8 日までの臨時市議会で行った答弁については、意見書としては、「住民投票の意義が見いだせない」、「代表制が機能している」と述べて、住民投票に否定的な態度に出たわけであります。

　3 番目としては、地方自治と市民への態度です。地方自治体ということでいうと、第 1 に、市長と議会それぞれあるわけですけれども、2017 年の市長選挙、あるいは 2019 年の市議会選挙でも、いずれもＩＲ・カジノを誘致賛成として当選した議員はいないということから、代表制が機能しているとは言えないのではないかと私たちは思っているところであります。

　第 3 に、住民投票の関係でいいますと、住民投票の必要性は、将来市民の福祉、街の将来の重大な影響を及ぼす恐れのある重要な施策や、市民と市長・市議会の間に重大な意見の相違がある場合に住民投票は行われるとされています。そこに住んでいる方の重要な市政、あるいは施策の状況の関係でいえば、住民投票は行われるべきだと私たちは思っているところであります。ＩＲカジノ誘致は、住民投票を行うに十分な理由があります。①市民の多数はカジノに反対ですし、②民意を一度も得ないで進めることは非民主主義です。

　次に、4 番目としては、市民が望む市政になっているのかどうかということであります。市民が望む市政とは逆立ちの市政運営をしていると思います。市民が望む市政とはとの質問に、令和 2 年度市民意識調査報告では、①令和 2 年度市民意識調査の質問で「ご自分やご家族の生活の心配事」に 53.7 ％、「家族の病気や健康」38.2 ％、「景気や生活費」21.8 ％となり、新型コロウイルス感染症などあり、生活や病気が一番の関心ごとです。②市政への満足度の質問で「あなたが、満足している公共サービスは」の問いに、1 番は「バス・地下鉄など」55.2 ％、2 番は「ごみの収集」34.7 ％、3 番は「水の安定供給」25.2 ％、4 番は「駅周辺の整備」22.7 ％となり、市民は身近な生活施策に答えています。一方では「病院などの救急医療」17.9 ％、「緑の保全」17.3 ％、「高齢者福祉」7.4 ％などとなり、健康・医療・福祉分野では低い回答になっています。③市政への要望の質問では、「地震などの災害対策」35.8 ％、「病院など地域医療」30.6 ％、「高齢者福祉」29.9 ％となっ

ており、地方自治体の仕事である福祉・医療に求めています。一方で、市政への要望には「高速道路整備」8.0％、「都心部の整備」6.3％、「港湾機能の整備」6.0％、「観光やコンベンション」4.1％となり、林市長がいま進めている主な施策などは市民から望まれていないことが分かります。

　横浜市の予算の関係でいいますと、いわゆる公共事業ですね。2021 年度市予算の主な内容ですが、林市長の予算編成の特徴は前安倍・現菅政権の国の方針を横浜市に取入れることをしています。今年度予算の特徴は「不十分な新型コロナウイルス感染症対策・ＩＲカジノ事業推進と大型公共事業継続やデジタル化推進」などを特徴としています。公共事業などの「施設整備費」ですが、一般会計に占める割合は約 11.3％、2269 億円（対前年比 253 億円増）です、林市政の始めは 1670 億円でした。内容は大型公共事業です、国庫補助事業（659 億円。昨年 728 億円）とし単独事業費（1610 億円、昨年 1288 億円）の金額で国庫補助費は減額され市事業費は増額です。横浜環状道路南線整備などに 243 億円、国際コンテナー戦略港湾

スライド 8

＜林市政の特徴的な項目の予算推移＞
単位・億円（2014年度は2期目、2018年度は3期目予算）

予算項目	2014年度	2018年度	2019年度	2020年度	2021年度
待機児童	１５７	１２８	１８１	１３３	１１５
放課後	４９	８４	８８	８７	９３
小児医療	７８	１００	１０５	９５	９３
特養ホー	１７	１６	２９	３６	４６
企業誘致	１７	２７	２２	２５	２９
高速道路	１９１	３９８	３３１	２５６	２４３
港湾建設	１６５	７７	１８６	２９１	３４０
新庁舎		３２５	４１７	６９	
山下ふ頭		６１	８１	６７	５７
カジノ		0.1	0.1	4	3.6

に 328 億円、山下ふ頭再整備 57 億円、カジノ誘致事業に 3 億 6 千万円、港湾整備に 100 億円などとなり大型公共事業が中心になっています。こうした予算の使い方は、市民意識調査からすれば「逆立ち市政」と言えます。この表は林市長の 2014 年の 2 期目からの推移でありますけれども、特に一番目を引くのは、これは単位が億円になっていますけれども、高速道路建設が 2014 年が 191 億円だったものがいきなり 3 期目になって 398 億円。そういう点で行くと、やはりなかなか大きな金額がこういった公共事業に使われているということが今の状況になっているのではないかなと思っています。（スライド 8）

　まとめとして、私たちは、林市長は 2017 年 7 月の市長選挙以降に ＩＲ・カジノについて、市民の意見を一度も聞いていないということが言えると思います。カジノについて市民の意見を聞くこともなく、2019 年 8 月に突然、記者会見で誘致表明をしました。そして、説明では、市財政が厳しいから ＩＲ・カジノを誘致すると言ったわけであります。

　しかし、市の財政は大きく、その使い方が問題ではないかなと思っています。私たちは、総予算の 3 兆 9,000 億円、そういった予算を市民のために有効に使うならば、カジノのない横浜市政ができるのではないかと思っているところであります。そういう点で、私たちの活動は引き続き皆さん方の御協力を得ながら進めていきたいと思っています。御清聴、ありがとうございました。

【報告２】

ギャンブル依存症対策から考える横浜市ＩＲ

田中　紀子
（ギャンブル依存症問題を考える会代表理事）

　○田中　　御紹介ありがとうございます。ギャンブル依存症問題を考える会の田中と申します。

　私はギャンブル依存症の問題に関わって、今年で 16 年目を迎えます。2014年にカジノ法案というのが突然現実味を増してきたわけですけれども、その当時はカジノを造ったらギャンブル依存症対策をしっかりやりますというのが政府、推進側の宣伝文句だったと思います。でも、その結果は、今どうなっているのかということをお話しさせていただきたいと思います。

　残念ながら、国はギャンブル依存症対策を本気でやる気はないとしか言いようがありません。さらに残念なことには、国がやらなければ、横浜市が独自に幾らしっかりやると言っても、大したことはできないのです。しかも、横浜市は、やる気がまったくないという状態です。そして、カジノに来るお客さんは横浜市だけに限った人たちではありません。横浜に遊びに来た人たちが日本各地に戻っていくわけです。そういった人たちの対策をする責任を横浜市はどう感じているのかなということを現場から常々感じております。

国はギャンブル依存症対策をやる気がない

　まず、国がいかにこのギャンブル依存症対策をやる気がないかということで、その1（スライド1）ということでお示しさせていただきました。このＩＲ法案、

スライド1

やる気のなさ　その1

アルコール健康障害対策基本法の場合		ギャンブル等依存症対策基本法の場合	
2013	全会一致の議員立法で策定	2018	ギャンブル等依存症対策費基本法が成立 賛成　229 反対　183
2014	・当事者・家族・有識者・酒造酒販団体を含む「アルコール健康障害対策関係者会議」が招集。 ・3つのワーキンググループを各4回、本会議14回、計26回の討議を経て基本計画をまとめる。 ・2016年5月に閣議決定	2019	ギャンブル等依存症対策推進関係者会議 当事者家族の全国組織民間団体はメンバーから除外。 当事者、家族は1個人を会議メンバーに。 回復施設代表者はパチンコから支援を受けている団体が入る
2017	基本法附帯事項に従い、所管は内閣府から厚生労働省に移管 厚労省依存症対策費1.1億→5.1億		たった4回でわずか2ヶ月で終了。 閣議決定 所管は内閣官房のまま

内閣官房にギャンブル依存症対策対策推進本部事務局がありますが、実働部隊がいるわけではありません。
具体的な依存症対策を行うわけではなく、関係省庁の調整役です。
ゆえにギャンブル産業側の所管省庁との調整が主で、ギャンブル依存症対策を実際に行うわけではありません。
啓発週間も厚労省に権限がなく、予算もつきません。宙ぶらりんのまま放置されています。

通称カジノ法案が通ったときに、同時にもう一つの重要な法案が通りました。それはギャンブル等依存症対策基本法です。このギャンブル等依存症対策基本法が国のギャンブル依存症の根幹をなす法律となっていきます。

　では、このギャンブル等依存症対策基本法はどういう法律となったのでしょうか。この法案が成立する前に依存症に関連する法案としては、アルコール健康障害対策基本法というものが制定されています。この法案は全会一致の議案立法で成立したのですが、法案の基本計画策定時には、当事者、家族、有識者、酒造酒販団体を含むアルコール健康障害対策関係者会議が招集されました。この会議は3つのワーキンググループを各4回、本会議14回、計26回の討議を経て、基本計画をまとめました。そして、2016年に閣議決定がされ、その後、基本法の附帯事項に従って、所管は内閣府から厚生労働省に移管され、そのときに依存症対策費というのは1.1億から5.1億に増えました。

ギャンブル等依存症対策基本法

　一方、ギャンブル等依存症対策基本法のほうです。これは賛成が229、反対が

183 ということで、一応形としては議員立法のていをなしていたのですが、実際には閣法のような形で成立いたしました。この反対票というのは、主に野党のカジノに反対された先生方が反対したのですが、この法案を通してしまうと、その後、カジノ法案が成立してしまうということで、主な理由として反対されました。

　この法案に基づく関係者会議が一体どうなったか。それは当事者家族の全国を組織する民間団体はメンバーから除外されました。そして、選ばれた当事者、家族は一個人です。地方のほうに住んでいらっしゃるギャンブル依存症だったという一個人が会議のメンバーに入られたのです。そして、回復施設の代表者というのはパチンコから支援を受けている団体が入りました。たった 4 回で、わずか 2 か月で終了して、閣議決定されてしまいました。 4 回ということは、 1 回目は自己紹介で、 2 回目は官僚が策定した法案のたたき台が発表されて、 3 回目に意見交換して、 4 回目に取りまとめで終わりです。これではほとんどのことが何も議論できず官僚の思いどおりで、現場の声が反映されることはありませんでした。そして、所管は内閣官房のままです。

　この内閣官房にギャンブル等依存症対策基本法の所管があるということは問題です。ギャンブル依存症対策推進本部の事務局があるのですが、ここ内閣官房という性質上、実働部隊がいるわけではないのです。つまり具体的な依存症対策を行うわけではなくて、関係省庁の調整役です。この関係省庁というのがギャンブルの場合は多岐にわたっている、つまり産業側の所轄官庁が多岐にわたっているわけです。例えば、競馬は農林水産省、競艇でしたら国土交通省といったように、もうこの産業側の代表者が出てくるだけで、過半数以上の数になってしまうわけです。ゆえに、ギャンブル産業側の所轄省庁との調整が主で、ギャンブル依存症対策を実際に行うわけではありません。そして、啓発週間も厚労省に権限があるわけではないので、予算もつかないわけです。なので、宙ぶらりんのまま放置されている。これが現状です。

　そして、予算です。先ほどから税収の増加ということを度々おっしゃっていますが、推進派の皆さん、佐々木先生などもそうですし、横浜の市長さんもおっしゃっていますけれども、そもそも税収が増加しても、ギャンブル依存症対策費

スライド 2

に予算を回す気がありません。同じ内閣官房に所轄があります特定複合観光施設区域整備推進室という、要するにカジノを進めている室のほうです。こちらは年間予算が 40 億ついています。これはカジノの関係者会議だけで年間予算が 40 億ついているのです。それに対して、ギャンブル等依存症対策推進本部事務局には予算はほぼゼロです。（スライド 2）

さらに、依存症対策は厚労省が主にやることになるのですけれども、厚労省の現在の依存症対策の予算というのは、今年で 9.4 億です。これ、アルコール、薬物、ギャンブル、さらにはゲーム依存が入ってきた、この 4 つの依存症対策費全てを合わせた予算です。

そして、この予算の内訳というのは、全国拠点における支援体制。これは何をやっているかというと、各県とか市区町村の依存症を診る病院を指定するためのお金です。あとは地域による支援体制の整備というのが 47 都道府県、また、政令指定都市に合わせて 8.3 億ということです。それで、依存症問題に取り組む民間団体の支援というのが全部で 4,000 万円ということになって、主な使い道としてはそのようになっているのです。（スライド 3）

そして、この地

スライド 3

厚労省の取り組み

【2021年度の予算要求】

○依存症対策の推進 9．8億円（予算要求）
＊実際は9.4億となりました。

（1）全国拠点機関における依存症治療・支援体制の整備 1．1億円
（2）地域における依存症の支援体制の整備 8．3億円
（3）依存症問題に取り組む民間団体の支援
① 民間団体支援事業（全国規模で取り組む団体） 40百万円
② 民間団体支援事業（地域で取り組む団体）
○アルコール健康障害対策の推進 30百万円

2021年度　横浜市依存症対策費予算
6252万円　（およそ3000万円が国の補助金）

国と地方自治体が予算を折半で持たねばならぬため、予算をつけない地方自治体もあります。

域における依存症支援体制の整備 8.3 億というのは、国と各地の地方自治体が折半で持つことになっているのです。横浜市の依存症対策予算は、本年度わずか 6,252 万円です。およそ 3,000 万円が国の補助金となっています。この予算は国と地方自治体が折半しなくてはならず、半分の予算を確保できないということで、活用していない自治体も多くあります。

　また、横浜市の民間団体への対応ということで、我々のような依存症対策に取り組む民間団体というのはほとんど資金源がないので、こういった助成金頼みのところがあるのですけれども、横浜市の依存症民間団体の支援というのは、本来、国と地方自治体が折半で行うべきものなのです。ところが、横浜市はなぜか独自に民間団体が半分持ちなさいと。それで、残りの半分を国と横浜市が折半にいたしますというような方針を打ち出していて、つまり私たちが 30 万円の助成金をくださいと言ったら、30 万円は自己負担でやらなくてはいけないのです。それで 60 万円の事業をやらなければいけない。これではただでさえ資金力のない民間団体は横浜市で依存症対策を進めようと思っても何もできません。また、どのような団体に予算をつけていくのかということで、利益相反問題というものには目を光らせていかなくてはならない

スライド 4

横浜市の民間団体への対応

横浜市の依存症民間団体支援は本来国と地方自治体が折半でおこなうべきものであるにも関わらず、事業費の半分しか支援しません。このような姿勢で本当にギャンブル依存症対策に真撃に取り組む気持ちがあるのか？当事者、家族のエンパワメントを支える気があるのか？当会では毎年疑問と要望を伝えています。

また、どのような団体に予算をつけるのか？利益相反問題には目を光らせねばなりません。

のです。この件については、後ほど説明させていただきます。（スライド 4）

　まず、横浜市は財政確保のためにカジノの収益が必要との主張なのですが、今、行われているような依存症対策では税収以上にギャンブル問題の社会負担費が増えてしまいます。何度も出てくる「シンガポールではうまくいった」、これが推

スライド5

横浜市の皆様にお伝えしたい懸念

横浜市は、今後の財源確保のためにカジノの収益が必要との主張ですが、
この程度の依存症対策では、
税収以上にギャンブル問題の社会負担費が増えてしまいます。
「シンガポールでは、カジノを作る前に5年かけて依存症対策を作り
ギャンブル依存症者を減らした」
というのが、カジノ推進派の皆様の常套句ですが、
シンガポールとは国の成り立ちと、人口も全く違うのです。
（独裁国家、徹底した管理社会、人口570万人うち自国民350万人）

・公営の賃貸住宅か、駐在員が借りるような、高級コンドミニアムしかない
破産すると公営住宅に住めなくなる
破産したら人生終わり。簡単に借金ができるシステムになっていない。

・警察権力が強い。
オンラインカジノのような違法なものは、見つけ次第次から次へとブロック。
日本は「法的な解釈が、どうたらこうたら・・・」何の対策もせず放置。

・広告が制限されていて、少しでもギャンブルが「楽しいもの」という印象を抱かせる
ようなCMやTV番組は一切없는。
子供たちがギャンブルについて目に触れることが、極力ないように配慮されている
日本はギャンブルの広告や、TV番組、Youtube番組が氾濫している。

・中学生14歳になったら、ギャンブルに対する教育を開始

進派の先生方の説明では大好きな言葉です。けれども、実際問題、シンガポールのような大規模な依存症対策は日本では行われていませんし、実際行うことは不可能です。なぜなら、シンガポールというのは国の仕組みが日本とは全く違うからです。（スライド5）

　まず人口が全部で570万人程度しかいません。うち自国民は350万人程度です。ですから、まず人口規模が全く違うので、依存症対策もシンガポールと同じことをやっていたのでは行き届きません。そして、何よりもシンガポールというのは、皆さんちょっと忘れてしまうかもしれませんが、あそこは独裁国家で、徹底した管理社会なのです。

　ですから、私も何度かシンガポールを視察させていただいているのですが、まず住まいを例にあげますと、シンガポールで住むところは公営の賃貸住宅か、駐在員が借りるような高級コンドミニアムしかないのです。それで自己破産をすると公営住宅に住めなくなるので、破産したら人生は終わりなのです。ですから、簡単に借金ができるようなシステムになっていません。これは日本のコンビニ並みに簡単にお金が借りられるシステムとは全く違うわけです。

　さらに、警察権力が強いのです。オンラインカジノのような違法なものは見つけ次第、次から次へと国がブロックしてしまうのです。日本ではこういうことはできません。法的な解釈がどうたらこうたらということで、何の対策もせずに放置しているのが実際です。

　先ほど佐々木先生の発表に、シンガポールはオンラインのカジノなどを許可し

ていないというようにおっしゃっていましたけれども、今、日本では、許可していなくても、ネットカジノは幾らでもあります。そして、海外の合法のインターネットカジノにもアクセスできてしまいますし、また、日本のいわゆるインターネットカジノ、インカジと呼ばれているものですね。これはもう摘発されどもされども、次から次へとできていて、いたちごっこで、これを撲滅することなど絶対に不可能です。今現在できないものをカジノが造られたらできるというわけがありません。ですから、シンガポールのような徹底した対策をすることは不可能です。

　さらに、シンガポールはチューインガムを捨てただけでも厳重に処罰されるような厳しい管理社会ですので、ギャンブルに対する広告なども徹底して管理されています。少しでもギャンブルが楽しいものという印象を抱かせるようなＣＭやテレビは一切禁止されています。日本とはここが大違いです。ＣＭはばんばん流されていますし、パチンコの番組なども幾らでもあります。ギャンブルを礼賛するようなお笑い番組などはもう本当に人気番組となっています。シンガポールでは子供たちがギャンブルについて目に触れることが極力ないように配慮されていて、ギャンブルを YouTube でライブ放映する日本とは全く違うわけです。

　先ほど佐々木先生のお話に宝くじのお話もあって、横浜市では宝くじも福祉に使われているというお話がありました。確かにシンガポールも宝くじをこういった福祉の財源に充てているのですけれども、シンガポールでは宝くじを買おうと思ったら、子供と手をつないで買うことすらできません。宝くじ売場に子供を連れて行くことなど、言語道断、絶対に認められていないの

スライド6

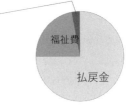

世界のギャンブル依存症対策の仕組み

他国はギャンブル産業からの税金の一部をギャンブル依存症対策にまわすと明確な基準がありますが日本にはそれがありません。
カジノでも目的税が明文化されなかったのです。
ですからこのままでいけば、カジノができても依存症対策費は0もしくは現状のように微々たるものになる可能性があるのです。

福祉費
払戻金

■払戻金　■福祉費　■ギャンブル依存症対策費

です。（スライド6）

　ところが、日本は公営競技でも、カジノなどもファミリーで楽しめる。カジノの中に子供が入ることはできませんけれども、ギャンブル場の近くにファミリーで来てください。公営競技などは、例えば競艇などは夏休み企画として、お子さん連れの人と来たら、金魚すくいをただでやらせてあげますとか、お菓子をプレゼントしますという、小さい頃からギャンブル好きに育てるような教育が黙認されているのです。

　ですから、こういったシンガポールのうまくいったところだけ、上澄みだけをすくい上げて、シンガポールのようにやればいいということをおっしゃられても、それは絶対にできないことなのです。

　さらに、世界のギャンブル依存症対策の仕組みです。先ほどから税収が上がるというようにおっしゃっていますが、他国はギャンブル産業から税金の一部、ギャンブルで吸い上げた税金の一部を必ずギャンブル依存症対策費に回すという明確な基準があるのです。例えば、吸い上げた税金の0.5％は依存症対策費にするとか、そういった基準があります。シンガポールもそうですし、ギャンブル依存症対策が失敗していると言われている韓国でもそういった対策がなされています。

　けれども、日本は目的税を財務省が非常に嫌いますので、この目的税が規定されていません。その上、今、現行の基本法で定められたギャンブル産業側の責務、ギャンブル依存症対策の責務というのは、ギャンブル産業側が直接こういう依存症対策を行う団体に支援するということになってしまったのです。これは大きな問題です。つまりこの仕組みでいえば、ギャンブル産業に息のかかった依存症対策をやる団体というのがまさにマッチポンプ、それすらも利権にしてしまうという仕組み、それが成立してしまっているのです。

　ですから、本当に佐々木先生ばかり言って申し訳ないですけれども、先ほど佐々木先生がカジノをやることでこういったシンガポール並みの対策が進んでいくみたいなことをおっしゃられましたけれども、そうならないということがもう決まってしまったのです。それはもうはっきりしたことなので、これからそういったことが進むというようなことをおっしゃっていただいては、それは事実誤認で

　す。そうならない仕組みがもう既に閣議で決まってしまいました。

　さらには、これはアメリカ、ラスベスの仕組み、NCRG (National Center For Responsible Gaming) の仕組み（民間団体助成）ですが、ギャンブル産業から資金を拠出して、民間団体などに助成しようといったときに、第三者機関が設けられて、独立した Scientific Advisory Board(SAB) で査読・評価され決められます。公平性、透明性を持って依存症対策費を分配するというように決められているのです。ところが、こういった民間の仕組みすら、日本ではないわけです。このような重大な利益相反が起こりそうな依存症対策が打ち出されているのが我が国、日本です。

　世界のギャンブル依存症の対策費は桁が違います。カナダではおよそ 70 億。ですから、カナダの依存症の罹患率というのは 0.9％程度に抑えられています。ラスベガスがあるネバダ州でも、およそ 52 億です。カンウォンランドを例に挙げて、依存症対策が失敗していると言われている韓国ですら、およそ 22 億円の依存症対策費が使われております。先ほども申し上げましたが、日本では依存症対策費、アルコール、薬物、ギャンブル、ゲーム全てを合わせても、9.4 億しか割かれていないのが現実です。

　さらに、横浜市の皆様にお伝えしたい懸念です。アルコールにはこんな調査があります。これはアルコールを飲んでいる方々が納められた酒税、およそ 1 兆 4,613 億。これ、平成 20 年の調査ですので、今はもう少し少なくなっています。でも、同じ年にアルコール関連問題による社会負担費を算出しました。それは何と 4 兆 1,483 億にも上るという結果が出ました。出典は、「酒税制度の概要及び論点について」アルコール関連問題及び経済理論からの視点 ─財政金融課、梶善登（レファレンス平成 25 年 7 月号）です。つまりアルコール依存症になってしまった方々による事件や事故、または自殺などの問題。そして、仕事をすることができなくなってしまったり、といった社会負担費。何よりもアルコールの場合は体がボロボロになってしまうので、その医療費の負担増ということが非常に大きな社会負担として上がってきているわけです。

　既に日本はギャンブル大国です。ギャンブルマシンの半分以上。これ、ギャン

スライド7

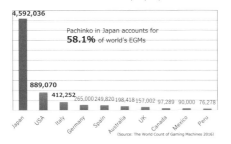

すでに日本はギャンブル大国

ギャンブルマシーンの半分以上は日本のパチンコに！（EGM）　Top 10 in World

ブルのスロットマシンみたいな、ああいう機械です。ゲーミングマシン。それは世界シェアの58.1%。それが日本のパチンコに使われています。（スライド7）

先ほどから申し上げておりますように、日本と同じようにギャンブル依存症者の罹患率が高いと言われているのは韓国です。韓国というのは日本の現状に非常に似ていて、既に7種類もの公営ギャンブルがあります。日本も4種類の公営ギャンブルがあり、さらにパチンコ店はおよそ国内に8000店舗もあり、国中にギャンブルがありますよね。さらには、今、ギャンブル依存症の大きな問題となっているのは若者の、しかも、ゲーム依存から派生しているようなネット、スマホの依存症の人たち。その人たちがインターネットでできる違法なギャンブルにはまってしまい、それが大問題になっているのです。これは日本の子供たちにも十分通じる問題だと思っています。

また、横浜市の皆様にお伝えしたいもう一つの懸念です。これは慶應大学の研究で出た結果です。自宅から3キロ以内にパチンコ店ができると、男性ではギャンブル依存症を疑われる確率が高まるという結果が出ています。出典は、Geographical accessibility to gambling venues and pathological gambling: an econometric analysis of pachinko parlours in Japan Hirotaka Kato Rei Goto（International Gambling Studies pp111-123、Published online 12 Oct 2017）です。つまり近くにギャンブル場があれば、そのギャンブル依存症に罹患する率が高まるということなのです。

さらに横浜市の皆様にお伝えしたい懸念です。先ほど市長のお話にもありましたけれども、横浜市ではこころの健康センターを中心に相談窓口を置きますとか、

予防教育をやりますとか、相談機関をいろいろ造りますとか、そういう入り口対策をたくさんやるということでおっしゃっていましたが、それは生ぬるいです。横浜でもどこでもそうですけれども、問題は入り口対策ではなくて、実際に依存症になってしまった人をどう介入していくか。それが重大な問題なわけです。横浜市では、そのような重篤案件の介入はしてくれません。生ぬる過ぎます。

　これ、私の支援の実際です。これは家族に対して、刃渡り30センチの牛刀包丁を振り回して、毎日金銭の要求をしていたのです。警察に度々相談するけれども、簡単な説教だけです。精神保健福祉センターとか医療などに相談しても、本人を連れてこいというのでらちが明かないのです。だから、家族が耐えきれずに当会に相談してきました。私たちがここの家庭に、私が丸腰で、たった1人でこの方のところに介入に行くことになりました。それでは介入に行ったときに、あまりにも危ないということで、ご家族から心配され、警察に同行して貰うよう頼んで一緒にきて貰いました。そして本人は心配していたとおり、私たちの目の前で首を切ってしまいました。けれども刑事さんと一緒に行ったので、辛うじて擦り傷ぐらいで済んだのです。そして、その後、救急外来に行ったのですけれども、救急から今度、精神科に入院させてくれる病院がない。こういうリスクの高い案件は、皆、精神科の病院が嫌ってしまって、入院すらできないというような事態に陥って大変苦労した案件です。このように重篤な案件が起きたときにどうするか。こういった対策が一向に出てきていないのが横浜市の対策です。（スライド8）

　家族が借金を肩代わりした経験があるかという筑波大学の森田展彰らの研究

スライド8

支援事例 ギャンブル依存症当事者　20代　相談者（母親）50代

・家族に対し刃渡り30㎝の牛刀包丁を振り回し、毎日金銭の要求
・家族が度々警察に相談するも、簡単な説教を繰り返すのみ。
・保健所、精神保健福祉センター、医療に相談するも「本人を連れてこい」と言われらちが明かない。
・家族が耐えきれず当会に相談。当会が当事者への介入を試みる。
・介入時に警察に立会って貰えるよう3時間交渉。2人の人の刑事と3人の警官の立ち会いが了承。
・本人介入。入院を勧める。本人了承するも、隠し持ったナイフで首を切ろうとする。
・刑事、警官がすぐに取り押さえ軽傷。救急病院に搬送。処置はすぐに終了。
・救急病院から精神科病院の連携なし。警察、救急、当会、家族で都内精神科病院をあたるが、
　受け入れ先見つからず、警察で1泊保護。
・翌日、東京都の連携を得られ受け入れ先確保。

自らの意思で治療に向かえる当事者をは医療や行政が受け入れ、リスクの高い案件は家族任せにされている。
関係各所の連携やサポート体制が作られず、民間団体はどこからの援助も受けられないまま、
リスクの高い案件に対応せざるを得ない。

スライド9

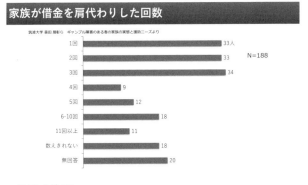

もう一つ申し上げたいのは、先ほどからカジノに行くのは富裕層だという意見が出ていますが、富裕層も十分依存症になります。大王製紙の事件とか、貴闘力

スライド10

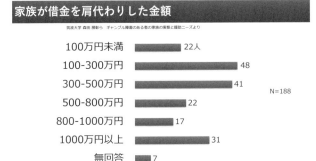

「ギャンブル障害のある者の家族の実態と援助ニーズより」では、ありが188名（83.9％）、なしは36名（16.1％）です。肩代わりした回数と金額は、この表の通りです。（スライド9、10）

関なども依存症になられたということを発表されていますけれども、お金持ちだって依存症になるのです。むしろ富裕層がギャンブル依存症になってしまった場合には被害が甚大です。例えば、会社の社長さんがそうなってしまった場合、子会社とか、そういった人たち皆、連鎖倒産してしまいます。だから、富裕層が来るのだから大丈夫だという議論は全くの無意味ですということでお伝えしたいなと思います。

　また、ギャンブル依存症になった人たちへのH20厚労科研：田中班報告書です。ギャンブルの資金を得るための違法行為の有無。ギャンブル依存症になった人たちは、「あり」と答えている人たちが87.7％もいます。ですから、治安が悪化することは間違いないです。

スライド11

横浜市の皆様にお伝えしたい懸念　⑤

カジノの依存症対策一体どこが世界最高水準なのか？現場にいる私には全く分かりません

- ● 国内のＩＲ施設は上限３つに設定、ゲーミング区域の面積はＩＲ施設床面積の３％以内
- ● カジノ事業等に関する広告物は、ＩＲ区域外では空港・港湾等の旅客ターミナルのうち外国人が入国手続きを完了するまでの部分に限定
- ● 20歳未満の者等への広告及び勧誘の規制
- ● 日本人等への７日間で３回と、28日間で10回迄の入場制限
- ● マイナンバーカード等による本人・年齢確認
- ● 日本人等への24時間毎に6,000円の入場料
- ● カジノ内へのATMの設置禁止
- ● 入場者からの相談や判断の支援に関する体制整備
- ● 本人が申告することによる入場制限
- ● 本人以外の家族が申告することによる入場制限

- ➢ ギャンブル場の面積と依存症罹患率は関係ありません　３％は十分広いです。
- ➢ カジノの性質上広告制限による効果は限定的です
- ➢ ２０歳未満の人に目に触れないようにするとは？具体的な方法は？
- ➢ ７日間で３回、28日間で１０回は十分依存症レベルです。また、行かれない日は闇カジノやネットカジノに行くだけです。
- ➢ 年齢確認だけでなく、儲かった場合の税の徴収までやれば抑止力になる
- ➢ 入場料は意味がない。元を取ろうと粘ることになる
- ➢ ATMはどこにでもある。コンビニでもカジノ外のIR施設内にも設置
- ➢ 当事者で相談できる人は、援助希求行動ができる軽症者。問題は否認をする重症のギャンブル依存症者。
- ➢ 本人申告、家族申告はいくらでも抜け道ができる。（公営ギャンブルで全く機能していない）

そして忘れてはいけないのは、こういう規制はカジノ開業後国民が気づかぬうちにいくらでも改訂できてしまうということです。

公営競技を見て下さい。昔はネット投票などありましたか？
三連単、5Winなんてありましたか？

　ギャンブルに絡む犯罪。私たちは犯罪を一々調べています。万引き、無賃乗車、無銭飲食、窃盗、横領、詐欺 携帯とばし、強盗、殺人などが起きていますが、世間を騒がせた有名事件としては、ベネッセ情報流出事件、大王製紙特別背任事件、新幹線焼身自殺事件、６歳息子全裸監禁事件、名古屋ラーメン店元同僚殺人事件、調布市祖父殺人事件、伊藤忠元社員７億円横領（FX）、電通社員１億円横領事件、東京法務局元事務官４億７千万円分印紙横領、マクドナルド７億横領（FX）、金沢祖父殺人事件、１１億詐取カジノ豪遊事件があります。

　もう一つ、横浜市の皆さんにお伝えしたい懸念です。林市長がおっしゃっているようなギャンブル依存症対策は全く意味がありません。

　ギャンブル場の面積と依存症罹患率は関係ありません。しかも、３％は十分に広いです。

　広告制限による効果は限定的です。カジノの広告だけを規制したって、あまり意味がありません。（スライド11）

　20歳未満の人の目に触れないという具体的な対策は何があるのかということが出てきません。

　また、7日間で3回、28日で10回は十分依存症レベルです。こういった規制があっても、行かれない日は闇カジノやネットカジノに行くだけです。むしろそういった闇ギャンブルが栄えてしまいます。

　また、マイナンバーカードによる年齢の確認とありますけれども、これ、マイナンバーでやるのだったら、カジノでもうかった場合の税の徴収までやれば効果はあると思いますが、そこまでは言っていません。ただの年齢制限の確認だけです。これにはあまり効果がありません。

　あと、入場料は意味がありません。元を取ろうとして粘ってしまうことになります。

　また、ＡＴＭは置かないと言いますが、ＡＴＭを置かないと言っても、コンビニでもカジノの外にでも幾らでもあります。シンガポールもカジノの中には置かないと言っていますが、カジノの入り口には置いてあります。ですから、こんなものは何の対策にもなりません。

　そして、当事者で相談できる相談窓口を設置すると言いますが、相談できる人というのは援助希求行動ができる人です。なので軽症者なのです。何度も申し上げるように、早急に必要なのは重篤な案件に介入していく仕組みです。

　ということで、この辺で終わらせていただこうと思うのですけれども、今の依存症対策では本当に決して横浜は安全な状況ではないということです。依存症対策の支援者として現場を走り回ってきた経験値から鑑み、今の横浜市の対策でカジノをやることは危険極まりないと思います。ありがとうございました。

第2部 パネルディスカッション

横浜市のIR推進について

パネリスト

金井　利之（東京大学法学部教授）

星野　泉（明治大学政治経済学部教授）

大川　千寿（神奈川大学法学部教授）

真城　愛弓（東洋経済新報社編集局統括編集部）

コーディネーター

幸田　雅治（神奈川大学法学部教授）

　○司会　これより第2部パネルディスカッションを開始いたします。

　私より、パネリストの方のお名前だけ御紹介させていただきます。お1人目は、東京大学法学部教授の金井利之先生です。お2人目は、明治大学政治経済学部教授の星野泉先生です。3人目は、本学法学部教授の大川千寿先生です。4人目は、東洋経済新報社編集局統括編集部の真城愛弓様です。そして、コーディネーターを務めますのは本学法学部教授で、このシンポジウムを開催するに至った共同研究「証拠に基づいた政策決定のあり方」の代表を務める幸田雅治教授です。それでは、皆様、よろしくお願いいたします。

　○コーディネーター（幸田）　それでは、始めさせていただきます。本日のシンポジウムのテーマは「横浜市のIR推進を考える、エビデンスの観点から」となっています。先ほど来、カジノを中心に、賛成、反対それぞれの立場から講演や報告がされたところです。

　なお、今回、横浜市には講師とパネリストの両方をお願いしたのですけれども、結果として参加できないという御返事をいただいたところです。残念に思っております。

　それでは、最初に、ＥＢＰＭについて、大川さんから説明いただきたいと思います。

1　政策形成における『エビデンス』をめぐって

　○大川　　皆様、こんにちは。先ほど御紹介にあずかりました神奈川大学法学部の大川千寿と申します。どうぞよろしくお願いいたします。

　このシンポジウムのテーマとして、ＥＢＰＭというものが掲げられておりますので、まずはそこから御説明したいと思います。なお、以後の私の発言・説明については、法学研究所共同研究の成果の１つとして、2021年度日本公共政策学会研究大会（2021年６月５日）において私が報告した論文「政策形成における『エビデンス』をめぐる一考察—横浜IR（統合型リゾート）に係る政策形成を事例として—」の内容がベースとなっております。（論文の参考文献等は、https://bit.ly/3F09TGM に掲載しています）

　まずＥＢＰＭというのは、Evidence Based Policy Making の略語であります。特に英米での取組を先駆的なものとして、今日では日本を含む各国に広がりを見せているもので、日本語では「客観的な根拠、もしくはエビデンスに基づく政策立案」と訳されることが多いようです。

「エピソード・ベース」から「エビデンス・ベース」へ

　日本におけるＥＢＰＭの取組は政府の行政改革の一環として、とりわけ統計改革の動きから始まりました。行政実務が複雑化し、財政制約も増している今日、効率的で効果のある政策立案・実施への要請が高まる中で、「エピソード・ベースからエビデンス・ベースへ」ということが標語として叫ばれるようになりました。統計分析手法の進展に伴って、より精緻な実証分析が可能となってきたことも背景にあり、政策過程の各段階でエビデンスを活用することが期待されています。

よりよい民主的な統制につながる可能性

ただ、データを分析し、その精緻化を求めるということも大事なのですが、それを追い求め過ぎると、かえって実践において困難が生じることが想定され、不正の温床ともなりかねないということがあります。ＥＢＰＭの理念に即しながらも、能力的な限界も考慮して、一定の簡略化を検討する観点から、実際の行政の現場においては、政策のインプット、アクティビティ、アウトプット、アウトカムという、４つのプロセスの間における論理的な関係を表現しようというロジック

スライド1

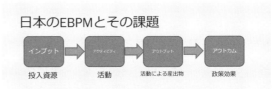

スライド2

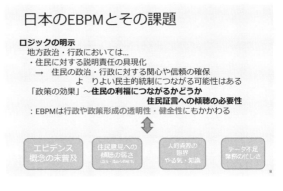

モデルの作成が主として推進されています（スライド１）。

政策のロジックを可視化するという形でＥＢＰＭの取組が促進されるとすれば、行政の市民・住民に対する説明責任をより具現化するとともに、市民・住民の政治や行政に対する関心や信頼を確保し、よりよい民主的な統制につながる可能性があると考えられます。（スライド２）

とりわけ住民が首長と議員を直接選出する地方政治において、こうした観点からＥＢＰＭが推進されることが期待されていると思います。しかし、実際には首

長、そして議員が住民の声を軽視するという傾向が根強くあるというのが現状であります。

○コーディネーター　　ありがとうございます。立法の際には、よく立法事実ということが言われます。立法事実というのは、当該政策の目的と手段を基礎づける社会的、経済的、政治的な事実とされておりまして、必要性、妥当性、合理性を根拠づけるものが客観的な判断基準によって行われなければならないとされています。そして、対象となる現象や課題に関する十分な調査、分析が必要とされています。

近年、今、大川さんから御説明がありましたＥＢＰＭが取り上げられるようになりましたが、ある意味、昔からある立法事実論とも共通しているようにも思えますけれども、金井さん、いかがでしょうか。

立法事実論とＥＢＰＭ
○金井　　ＥＢＰＭには狭いタイプから広いタイプまで、論者によっていろいろあり得るのではないかと思っています。非常に狭く捉えますと、類似や比較対照できる多数の先行事例の結果を専門的に分析して、その専門知識を基に有効性の認められる政策決定を行おうという方法でありますが、厳密にＥＢＰＭを考え過ぎますと、類似や比較対照できる多数の先行事例が存在するなどということがないことが多いので、政策決定には使えなくなってしまうということになります。そのため、かなり緩く捉えるということになると、しっかりとした証拠収集をして、理論的に説得力のある決定をしようという程度にとどまるのかもしれません。その意味で、立法事実論に近いと思います。

裁判では証拠の提出がありまして、原告、被告による攻撃・防御というのがあって、第三者である裁判官が事実認定を行います。ところが、立法段階では質疑答弁という形で攻撃・防御はあるのですけれども、実は最後は一方当事者である多数党が多数決で事実まで決めてしまうということですから、立法事実に関する証拠提出が不充分であっても決定できてしまうということが多いわけです。また、

証拠に基づいて、第三者が立法事実を認定するというプロセスもありません。いわば、多数党の一方的決定に全てを委ねるということになりがちな政策決定過程において、多数党の決定の前提となる立法事実を、多数党の専断から離れて固めようというところに、恐らく立法事実論とこのＥＢＰＭが共通するものがあるのではないかと考えています。

　○コーディネーター　　ありがとうございます。政策の適切性、妥当性において、社会科学では公共選択論という観点がありますが、ＥＢＰＭと公共選択論の関係について、星野さん、いかがでしょうか。

　ＥＢＰＭと公共選択論の関係

　○星野　　財政学の分野では、このＥＢＰＭという、エビデンス・ベースドという言葉を使っての議論は割と遅れぎみだと思います。ただ、そもそも財政学は経済学であり、政治経済的であるというところで、比較財政ですとか歴史研究など、統計数値を利用して議論するというのがごく当たり前の話です。

　政策決定との関係では、主に公共経済学的見地から公共選択論という形になりますし、経済学の分析結果が政治的決定の中でどう反映されているのか。経済学的見地から社会選択論で複数の個人から成る社会で、選択の中からどう社会全体の意思を把握していくのかという分析がされています。どのように選択肢を提供し、決定につなげていくのかということが重要なテーマとなっています。

　○コーディネーター　　ありがとうございます。立法事実論では目的の妥当性を支える事実、手段の合理性を支える事実が必要なことに加えて、広い意味での社会的状況、社会的規範意識にかかる事実が重要であり、さらに、一般的事実を取り入れる手続過程の重要性も指摘されているところです。これらの点については、後ほど議論していきたいと思います。

　なお、ＥＢＰＭについて、本研究会、神奈川大学の法学研究所共同研究でこれまでの研究蓄積を踏まえての議論をした整理にすぎませんが、資料１に載せておりますので、後で御覧いただければと思います。

　それでは、横浜市のＩＲ推進について議論していきたいと思います。まず、大

川さんから、エビデンスの観点から見た横浜市ＩＲについて、先ほどに続いてとなりますが、お願いしたいと思います。

エビデンスの観点から見た横浜市ＩＲについて

○大川　　エビデンスというのは、ＥＢＰＭにおいてなくてはならない非常に重要なものです。先ほど金井先生からＥＢＰＭについて狭義、広義というお話がありましたが、エビデンスについても狭い意味、広い意味があるということです。日本においては、どちらかというと、政策に関する数値化された実証的な証拠といった狭い意味の捉え方から入って、でも、それではちょっと問題があるということで、より幅広く見ていこう、広義のエビデンスというところに少しずつ着目をしていこうという流れかと思います。いずれにしても、政策の必要性の根拠となるものという広い意味でのエビデンスが非常に重要だということになるわけです。

　ただ、注意しなければならないのは、役立ちそうな「質のよい」エビデンスだからといって、それが必ず政策をよくするとは限らないということです。政策担当者はいろいろな事柄を考慮しなければいけない。実際にエビデンスを活用しようとするときにいろいろな障壁がある。その最たるものが政治性ということになります。政治家や利益集団の影響力は無視できず、やはり政治的な支持というものが政策を進めるためには重要だということです。また、時間的な制約もあります。そうした中で、エビデンスが政治的にゆがめられて軽視される危険性があるということになります。

　そこで、エビデンスの科学性が重要になりますが、科学性をめぐっても、問題の解決よりも、問題点の特定や、政策提言をするというところに重きが置かれているとか、客観性が完全でなく、政策目的に沿ってそれに合わせた形で出されてしまうということもあります。

　そして、政策当局者はポリシー・メーキング（ＰＭ）、政策形成を重視するのだけれども、専門家のほうはエビデンス（ＥＢ）を重視するという違いもあり、ここでどうコミュニケーションを取るかということが問われます。さらに、今日

のこの機会もそうなっていると思いますが、科学者と一般の住民の皆さん、市民との間のコミュニケーションというのも非常に重要になってまいります。

　今、住民の皆さん、市民という話をしましたけれども、エビデンスということを考えたときに、今日ではますます住民との協働というものが政策遂行にあたって重視されるようになっている。その中で政策、そしてエビデンスについても、民主的な正統性を持つことが重要になっているのではないかということです。実際、世界を見ると、住民との協働による取組が行われているところもありますが、日本の横浜ではどうなのでしょうか。民主的正統性は、持続可能で効果と信頼性のある政策の実現にもつながってくるはずです。

　　横浜ＩＲでは、エビデンスよりも政策そのものの政治性がきわめて強い

　これまでお話しした政治性・科学性・民主的正統性というエビデンスの３つのポイントで言うと、なるべく政治性を抑えて、科学性や民主的正統性を重視するということが求められると思います。ところが本日のテーマである横浜ＩＲでは、先に結論を言ってしまうと、エビデンスというよりもそもそも政策そのものの政

スライド3

治性がきわめて強いということです。それによって、エビデンスの科学性、民主的正統性が抑え込まれてしまっているという現実があると思われます。この後も議論したいと思いますが、やはり菅義偉首相（前官房長官）という政治的なパワーの存在が大きいようです。

　それでは、この民主的正統性を横浜市が全く考えていないかというと、横浜市なりに何とかそれをエビデンスとして出したいという様子も見えてはいます。例えば、市は市長出席のもと各区で実施したＩＲに関する市民説明会（12区で実施。残りの6区ではコロナ禍を理由として、市長動画の視聴の形で行われた）の後にアンケートを実施しております。では、このアンケートの結果を確かなエビデンスとして受け取ることができるかということが問題となります（スライド3）。

　まず、実際に現場で市長の説明を聴いた方のアンケートへの回答率は非常に高いです。12区での回答率は81％（対説明会出席者比）で、やはり市長が出席されているというところで回答が促されたのかもしれません。一方、6区での回答率は17％（対視聴申込者比）で、動画視聴のみの方の回答率は極めて低い値にとどまっています。

　次に、このアンケート参加者（12区＋6区合計）の属性を見てみると、横浜市は、2020年において大体男女半々の人口比なのですが、アンケート回答者は男性2,405人に対して女性は1,039人と、男性が多くなっているほか、年齢別で見ると、高齢者が非常に多いですね。実際には若年層の方々も人口の中で一定程度いるのですが、このアンケートでは反映されていません。つまり何が言いたいかというと、このアンケートの結果には無視できない偏りがあって、横浜市民の意見の縮図、横浜市民を真に代表する意見としては捉えることができないのではないかということです。

　そもそもこのアンケートに回答したのは説明会に参加したり、動画を視聴したりした人、つまり、自発性を持ってアンケートに答えた人ということになります。それから、実は市民だけではなくて、市内在勤、在学者も含まれています。さらに、そもそもこの問題への意識が高い人が回答する傾向にあるのではないかとか、いろいろなバイアスが見えてくるわけです。

　そしてもう一つ、このアンケートのタイトルを見ると、「ＩＲの実現」に向けてのアンケートとされています。また、先ほど動画を見ていただいた方は分かると思いますが、ＩＲについていかに魅力があるかということを市が熱心に説いた後に行われたアンケートだということです。

横浜市アンケートはエビデンスとして信頼に足りるのか

　また、設問も客観的なつくり方になっているかとか、集計結果の解釈の仕方はどうかといったところにも注意する必要があります。このアンケートの結果を横浜市は参考にするとしていますが、果たして科学的な意味で参考にするのに足りるのか、エビデンスとして信頼に足りるのかという問題を指摘せざるを得ません。

　では、アンケートの回答分布を見てみましょう。まず、IRをどの程度知っていたか？の設問ですが、この図のようになっています。説明会参加者はIRについて一定の知識があるということでしょうか。一方で、一体何をどのように知っているかは分からないので、ＩＲの個別要素について知っているかどうかを聞くべきではないかとも思います。

　先ほども申し上げたように、これは横浜市民全体の意見を代表したとは言えないアンケートなのですが、説明会に参加した人が説明を聞く前と後でどう変化したかということについてはある程度分かるのではないかと思います。ただそれでも、説明を聞いて理解が深まったという人は回答者の半分に達していない。あまり理解が深まらなかった、全く深まらなかったという人も一定程度いるということです。

　そして、結果の解釈についてですけれども、説明を通じて理解を深め

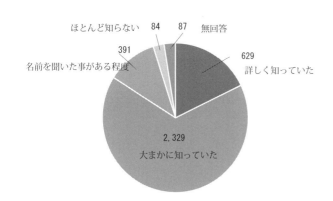

た点として、「横浜の現状」、「横浜が目指すＩＲの姿」が１位、２位となっていますが、先ほど市長の動画を御覧いただいても分かるように、この横浜の現状とか目指すＩＲの姿というのは資料のスライドの枚数が多くて、横浜市が極めて重視して説明したところです。一方、説明を聞いても分からなかったというところでは、「依存症への具体的な対策」「治安への具体的な対策」といった点が挙げられていますが、こちらは逆に市の説明が貧弱ということがあります。要は、理解を深めた、分からなかったと言っても、結局は市がどれだけ丁寧に説明をしたかということが単に反映されているだけかもしれない。これをもって「理解を深めた」などと判断していいのかという問題があります。

そしてもう一つ重要なことは、説明を聞いて理解を深めた点として３番目に回答者が多い選択肢は、実は「該当なし」なのです。ところが、横浜市が集計しまとめたグラフでは、この「該当なし」を取り上げていないという問題もあります。つまり、市が恣意的に結果を解釈し、資料を作成している可能性があるということです。

それから、ＩＲの魅力に感じる部分は何ですかという質問がなされています。これも一番多い回答は「該当なし」なのですが、やはり横浜市の資料では、この「該当なし」をグラフで示していないということがあります。さらに、「魅力」というワードはある価値観を大いに反映した表現ですから、設問において用いてもよいかという問題もあり得るかと思います。

いろいろとアンケートに関する問題点を申し上げてきましたが、アンケートの回答者は、横浜市からＩＲについていろいろ「魅力がある」という説明を聞いた上でも、横浜のイメージの悪化とか、依存症の増加、反社会的勢力の関与といったところに根強い不安を感じているという結果も出ています。先ほども触れた通り、これらの部分については市の説明がかなり薄くなっていて特に参加者の不安の大きさと市の姿勢とのギャップ・コントラストが見て取れます。

続いて、横浜市が観光をめぐる状況について検討するため行ったデータ比較のあり方をめぐる問題に触れます。すなわち、ここで横浜市は東京都、大阪府、そして全国という形で数値を比べているのですが、政令指定都市と都道府県とを並

べて比較するのは果たして妥当かということですね。

　そして、もう一つご紹介するのが、2009 年 3 月に指定都市市長会で出された報告書についてです。この中で、大都市の分類についての議論がなされております。ここで横浜市は、大阪市や名古屋市と同様に「大規模中枢型」の都市と位置付けられているのですが、大阪大学の北村亘先生が主成分分析という手法を用いてデータを分析すると、大阪、名古屋等の圏域の中枢都市と横浜とは性質が違うということが明らかにされました。横浜は東京という中枢に能力を供給する都市としての性格があるというわけです。果たしてこうした都市の性格を踏まえた上で、横浜市は政策を立案しているのかという問題も指摘することができるということであります。

　以上、横浜市が行った調査が十分に科学的ではないのではないか、また、データの理解・解釈において横浜市には恣意性がみられるのではないかといったエビデンスにかかわる点について、ここまで御説明いたしました。

　簡単ではありますが、以上でひとまず横浜ＩＲとエビデンスに関する私の御説明を終わらせていただきます。

　○コーディネーター　　ありがとうございます。

　次に、真城さんから政策透明性の観点から見た横浜市のＩＲ推進についてお願いします。

2 政策透明性の観点から見た横浜市のＩＲ推進

○真城 　　それでは、私のほうから横浜市のＩＲ推進における政策透明性について、発表したいと思います。

まず検証に当たって、御覧の大きく４つの観点を立てました。１つが資料の公開性、２点目が効果分析の客観性、３点目が市民の声の反映度合い、４点目が議会及び会見での市長発言です。

資料の公開性

では、まず資料の公開性から見ていきたいと思います。横浜市はＩＲ推進に当たって、専用のホームページですとか、フェイスブックに公式アカウントを立ち上げて、市の施策の中でもひときわ発信に力を入れていることがよく分かります。地区別の住民説明会ですとか、あと広報紙でも度々特集を組んでいるほか、関連動画の配信、さらに担当課職員が市内の大学で講義に赴くなど、特に若い世代を意識した周知手法が目を引きます。

ただ一方で、発信手法と内容をめぐって是非を問われるケースもあります。実施方針策定、事業者選定に当たって関係者と協議する横浜ＩＲ協議会は、ほとんどの協議が非公開とされていて、議事録も主な発言などをまとめた簡易なものになっています。事業者選定のための有識者委員会も大部分が非公開となっていて、重要な方針がどういった議論を経て決定されているのか、なかなか外部から検証することができない状況です。情報公開請求では、黒塗りが多数となっています。政策方針決定過程における内部での説明のやりとりは「記録がない」との回答でした。

本来、中立性が担保されるべき広報紙など、市の公式資料の内容も一部でその

スライド1　横浜市の広報での説明

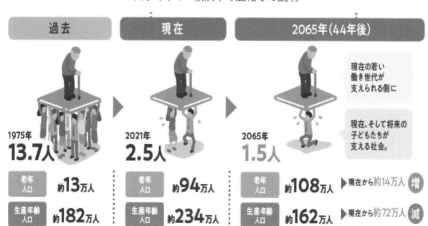

市民らの疑問

非就業者つまり「子どもと高齢者」人口に対する就業者人口の比率で見るべきなのに、老年人口だけに対する生産年齢人口の比率で、過度の不安をあおるのはおかしいなあ。

中立性について注視が必要な点が見受けられます。

こちら、今年3月に発行された市の広報紙の特別号で、IRについて特集が組まれています。この内容を見ると、中立性が担保されていない、もしくは説明が雑な表現が多々あって、市議会のほうでも問題があるとして指摘がありました。

例えば、こちらが市の広報紙の説明なのですが、市の財政状況について、高齢者が増える一方で、働く世代が減るので、将来の世代のために今からしっかりと備えておかないといけない。IRはそうした将来を見据えて、税収を増やす意味で重要な施策なのだというような説明がされています。その根拠として、市の人

口推計に基づいて、65 歳以上の老年者 1 人を 15 歳から 65 歳の市民何人で支え
ないといけない状況になるのかというのを図示しています。

　ただ、こうした胴上げから騎馬戦型、あるいは最後に肩車に移行していくとい
う説明の仕方は問題がかなり指摘されてきたもので、本来であれば、高齢者だけ
でなくて、高齢者と子供を合わせた非就業者との対比で考えるべきとの指摘が言
われてきたところです。

　こちら、慶應大学の権丈善一教授の分析を引用したものですが、非就業者は高
齢者が増える一方で、子供が減るので、それと就業者を比較すると、実は就業者
の負担に今後もそこまで変化はないという説明です。就業者自体も定年の延長で
すとか、女性の就業率の向上などによって、以前より多様化していて、騎馬戦型か
ら肩車に移行するという、横浜市のかなり単純化した説明には過度に市民の将来不
安をあおる懸念をはらんでいるのではないかと言えると思います（スライド 1、2）。

　ほかにも幾つか市民の疑問を呼び起こすような表現が見られます。細かい説明

スライド 2　横浜市の「騎馬戦→肩車」の説明は妥当なのか？

注：人口は国立社会保障・人口問題研究所資料より。2010年まで実績値、その後は推計値。就業者数・就業率は労働力調査（実績
　値）、2030年は労働政策研究・研修機構の推計値、2050年は推計値を基に権丈教授試算。
出所：「少子高齢化への対策　就業者増やし支え手確保　女性・高齢者に働きやすい環境を」『読売新聞』2012年4月23日朝刊。
　（権丈善一『医療介護の一体改革と財政』慶應義塾大学出版会、2015、328頁）

スライド3　横浜市の広報紙での説明

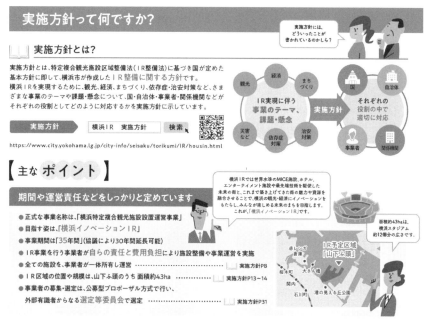

市民からの疑問

主なポイントに、カジノの言葉が全く出てこないのは、おかしいなあ。

事業期間って、IR事業者に運営させる期間だよね。その期間が、最長65年って長すぎないかな？

は省きますが、「税金を使わずにIRが整備されるんですね」というように横浜市の広報紙では書いてあるのですが、IR区域外の道路などのインフラ整備は市が負担する予定です。カジノ収入によって賄えば、プラス・マイナスで考え

ると、市からの持ち出しはないということなのでしょうが、持ち出しがないかどうかというのは、カジノの運営が計画どおりうまくいくことが大前提となっています。なので、IR整備に伴って税金が使われないというように表現するのは問題があると言えると思います（スライド3-6）。

同様に、公開資料の中立性の分析として、昨年3月に出された、IR等戦略

スライド４　横浜市の広報紙での説明

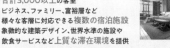

民間事業者の投資により、税金を使わずに
ＩＲが整備されるんですね。

リゾート全体のデザインや施設は、世界水準を求めています

横浜の都心臨海部の地区特性や歴史、これまでのまちづくりの取組を十分に踏まえつつ、
21世紀を象徴するような新しい横浜の都市デザイン・景観づくりに挑戦する ………… 実施方針P21

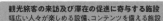

ＩＲを構成する施設の種類や機能など ….. 実施方針P15～20

MICE施設（国際会議場及び展示等施設）
国際競争力の高い優れたスケールとクオリティ

● 施設規模は下記 のいずれかを求める

	国際会議場施設（最大の会議室収容人数）	展示等施設
1	1,000人以上～3,000人未満	12万㎡以上
2	3,000人以上～6,000人未満	6万㎡以上

● リアルとオンラインのハイブリッド等に対応できる最先端設備・
　機能と感染症対策の徹底

魅力増進施設
日本の観光の魅力を高め、発信する施設

● 伝統芸能、和食、自然、アニメ等、我が国の
　魅力を最先端技術を用いながら発信
● 展示、鑑賞、体験、販売、消費など様々な
　手法により世界に発信

送客施設
観光客を横浜から日本各地に送り出す施設

● 来訪者に日本各地の観光の魅力に関する情報を提供
● 旅の計画を一元的に手配し、国内観光旅行を促進

宿泊施設
五つ星ホテルを含む多彩なホテル群

● 合計3,000以上の客室
● ビジネス、ファミリー、富裕層など
　様々な客層に対応できる複数の宿泊施設
● 象徴的な建築デザイン、世界水準の施設や
　飲食サービスなど上質な滞在環境を提供

観光旅客の来訪及び滞在の促進に寄与する施設
幅広い人々が楽しめる設備、コンテンツを備える施設

● アート、食、建築などを取り入れたサービス、コンテンツで
　ハイエンドトラベラーも魅了

カジノ施設
非日常を感じられる品位と清潔感ある大人の社交場

● カジノ行為を行う区域の面積は、ＩＲ全体の
　延べ床面積の3％以下で区域内に1か所のみ
● ファミリー層等が利用する主動線から分離
● ドレスコードの設定
● ICT等の最先端技術を活用した厳格な入退場管理

市で規模感の基本的な条件を定めて、あとは事業者がそれぞれの
実績やノウハウにより独自の提案を考えるわけですね。

はい、市が提示する基本的な条件をもとに、世界最高水準
のＩＲとして、事業者の皆さんからこれまでにないような魅
力あふれる提案をいただくことになります。

2

市民らの疑問

「税金を使わずに」
ＩＲが整備される
とあるけど、それは違う
のじゃないかな。

世界水準とか世界最高水準と
か、出てくるけど、その根拠に
ついての説明がないなあ。

的都市づくり検討調査（その
4）報告書における有識者ヒ
アリングの部分を見てみたい
と思います。有識者12人と
2つの組織でヒアリングされ
た結果として、前編には有識
者の主な意見を列挙している
ほか、その意見のまとめも掲
載されています。報告書の概

要版のほうにはこのまとめとされるもののみ掲載されています。

　しかし、このまとめというのが本当に中立性を持ってまとめられているものな
のか、少し疑問が残る部分がありました。例えば、その下のほうに書いてある、

スライド5　横浜市の広報紙での説明

観光振興などのIRの効果についてという項目では、IRの効果がある、あるいは魅力的、利点があるといった意見が7件、課題を指摘した意見が11件、その他が5件で、課題を指摘した意見が多かったのですけれども、まとめのほうでは、効果があるなどとした意見2件しか抽出されていませんでした（スライド7、8）。

ほかの項目も同じように抽出手法にやや偏りが見られていて、意見によっては、

スライド6　横浜市の広報紙での説明

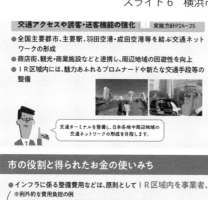

否定的表現を含むようなコメントは否定的な表現を少し圧縮して引用しているものも見受けられます。できるだけ否定的表現を控えようという恣意性があるような印象もあり、概要版のほうには引用を抽出された有識者の意見のみのまとめしか載っていないので、これでは市民をミスリードする可能性も否めないのではないかと感じました。

次に情報公開請求への対応についてです。今回、横浜市のＩＲ推進の政策がどう決定されてきたかを検証するため、市に情報公開請求をしました。その1つが

スライド7

有識者ヒアリングの分析（1）
—「主な意見」の「まとめ」は恣意的ではないか—

▼国で検討されている日本型IRについて

肯定的意見（4件）、懸念・疑問・課題など否定的表現を含む意見（9件）、MICEなどIR全般に関する意見（13件）から、4件（肯定的（1件）、否定的（1件）、その他（2件））を抽出

肯定的：日本の観光は次のステージに入ってきていると思われ、日本の魅力を発信するためにも、日本型IR等が必要な段階（ほぼ元の意見）

否定的：「海外富裕層を狙ったカジノ収益」でIR施設全体を支える構造は、リスクがある

　元の意見：カジノはwin-winの構造ではなく、不幸な人の散財によって成立しており、基本的に導入には反対である。なお、「海外富裕層を狙ったカジノ収益」でIR施設全体を支える構造は、他国の政策に成否を委ねるものでリスクがある→「なお書き」のみを引用（恣意的引用）

その他：IRについて市民にしっかりと説明することが重要

　元の意見：IRについて市民にしっかりと説明することが重要である。…IR全体の議論において、タバコや暴力団といったカジノの悪いイメージを、いかに払拭できるかがポイントとなる→「ポイント」を削除して引用（恣意的引用）

その他：IRに関する議論において、カジノとIRが混同されることが多いが、カジノとIRそれぞれの問題・懸念事項の性質を区別して議論すべきではないか（元の意見のまま）

▼観光の振興、地域経済の振興、雇用の増加、財政の改善などのIRの効果について

効果がある（7件）、課題を指摘（11件）、その他（他都市との比較など）（5件）から、効果がある（2件）意見のみを抽出（恣意的抽出）

スライド8

有識者ヒアリングの分析（2）
—「主な意見」の「まとめ」は恣意的ではないか—

▼横浜におけるIRに関する様々な意見について

肯定的意見（1件）、否定的意見（3件）、IRの課題の指摘（8件）、一般的課題の指摘（4件）から、肯定的意見（1件）、IRの課題の指摘（2件）を抽出（恣意的抽出）

肯定的：横浜を将来的にも元気にしていくために、思い切ってIRを誘致してみるという手段はありうると思う。その場合には、人件費や施設のインフラ整備にどの位のコストがかかるか等をきちんと試算した上で制度設計をしていく必要がある（ほぼ元の意見と同文）

IRの課題の指摘：増収効果が見込まれるからIRを誘致しようという発想だけでは反対する市民も出てくるのではないか。横浜市としての将来ビジョンを明確に示す必要がある→　元の意見における課題の指摘のうち一部のみを引用

IRの課題の指摘：地域が大きく変化するのだから、色々な意見があって良いと思う。大きな開発で、不安になる人が出てくるのは当然である（元の意見と同文）←　肯定的意見に近い意見

→これら「まとめ」を概要版では「有識者ヒアリングでの主な意見」として記載
有識者の意見のまとめには恣意性が含まれ、市民を意図的に誘導するもので不適切

市長、副市長と担当部局である都市整備局の幹部職員との説明のやり取りの記録についてです。例えば、国であれば、担当省庁が大臣に説明したときの議事録などに当たるものです。今回、2019年の誘致決定時と今年明けの実施方針の策定時の2つに絞ってお願いしました。

　ただ、横浜市の回答としては、記録というのはないため、非開示ということでした。議事録があって、それを例えば黒塗りで回答というならまだしも、記録す

らないという回答でしたので、これでは証拠に基づく決定からすると、議論の証拠がない、あるいは決定を支える根拠がないという解釈になってしまうのではないかなと感じました。

　後ほど説明しますが、市がＩＲ誘致に当たりうたっている経済波及効果などは民間事業者の試算を引用したものであるため、事業者へのヒアリング内容などについても情報公開請求をしました。ところどころ開示された資料もあったのですが、試算の根拠などに関わる重要な部分は、公開によって事業者の事業活動が損なわれるおそれなどといった理由から非開示とされて、多くが黒塗りでの回答となりました。

　今回、公募に手を挙げた事業者からの提案資料も中にはあったのですけれども、いずれもほぼ全て黒塗りでした。市が事業者の提案内容に対して、波及効果や投資額などについて追加質問をしたときのやり取りについても質問の個別具体的内容は黒塗りとなっていて、結局、市との間でどういった議論を経て数字がまとめられたのかはできませんでした。

経済的、社会的効果分析の客観性

　続いて、検証の２つ目の観点である経済的、社会的効果の分析の客観性についてです。情報公開請求のところでも述べたとおり、横浜市が出している経済波及効果などの数字は複数の事業者が提案書で示した数字を引用したものです。横浜市による集計ではありません。全体の効果については大層な数字が示されているのですが、例えば、施設別の売上げの内訳などといった詳細は開示されておらず、事業者の提案書は一切開示されていないので、この数字がどう算出されたのか、あるいは妥当なのかどうかを検証できる材料がほぼありません。

　特にＩＲ推進の大きな理由である市税の増収効果について、市税の増収効果の多くはＩＲ施設の中でもカジノによるものなので、その重要なカジノがどれだけの売上げになるかというのも開示されていません。そしてカジノが成功する根拠として、横浜市が度々主張しているのはシンガポールやマカオなど、海外での成

功事例です。

　しかし、例えばシンガポールの場合は面積が非常に狭い都市国家で、前提として、横浜が置かれている環境とかなり異なるものであり、個人情報の取締りなどが厳しい国家体制の違いなどもあります。シンガポールでの成功などを推進の根拠として上げるには、より精緻な比較分析が必要と感じています。

　また、中長期的視点ではコロナによる生活様式の変化などが人の集まることを前提としたカジノの利用にどういった影響を及ぼすのかということについても現時点では見通し切れず、注視が必要です。

市民の声の反映

　それでは、次の３つ目の観点として、市民の声の反映について見ていきたいと思います。横浜ＩＲについては御存じのとおり、市民の関心が非常に高いことが数字でも表れています。横浜市のＩＲの方向性について、昨年春に募集したパブリックコメントには5,000人以上、9,509件の意見が集まりました。また、ＩＲ誘致の賛否を問うために住民投票の実施を求める署名も市民団体を通して19万筆以上が集まりました。これは横浜市の有権者のおよそ６％に当たる数です。

　反対したり、疑念を抱いていたりする市民はそれなりに多いのですが、どう意思疎通を図ってきたのか、市の対応を振り返ってみたいと思います。市は地区ごとにＩＲに関する説明会を行って、回ってきました。市としては、こうした説明会の場で反対する市民との対話を試みてきたようです。

　一方で、多くの市民が求めた住民投票については与党の反対により否決され、林市長も意義を見いだしがたいという反対意見をつけました。もともと林市長はＩＲ誘致に対して、態度を白紙としていたのを突然おととしの夏に誘致表明した経緯があるので、市民にとっては市民の賛否を問う機会が与えられていないという思いが強いと思います。にもかかわらず、住民投票の意義を見いだしがたいという姿勢を示されたのは、多くの市民にとって納得しがたいものであったのではないかと感じています。

こちらはパブリックコメントに関しての分析になります。今回共同研究では内容から賛成、反対、中立、不明の４つにパブリックコメントの意見を分類してみました。分類結果ですが、賛成が約３割で、反対が６割強などといった具合で、賛成、反対が何割という数字自体には意味はないのですけれども、注目したいのは、市がこれらの意見に中立的に応答しているのかという点です。素案の変更にどう反映したのか、意見の傾向ごとに分類したところ、387件の意見が実際に表現や文言の修正に反映させていたのですが、修正の７割以上が賛成意見に基づいているものでした。もともと意見の過半を占めていた反対意見は

スライド9

横浜市のパブリックコメントの分析（1）
―公平に応答しているか―

▼IR推進に関するパブリック・コメントの実施概要

(1) 意見募集期間
令和２年３月６日（金）から４月６日（月）まで
(2) 周知方法
市民情報センター、各区役所等において、素案概要版、リーフレットを配布、素案冊子を閲覧に供する。
市ホームページにデータを公表。
(3) パブリック・コメントの取りまとめ状況
延 5,040 人・団体から、9,509 件の意見の提出

▼**寄せられた意見に係る素案ごとの分類**

意見の項目	意見数
方向性（素案）に関する意見	8,621件
横浜IRの方向性１　基本コンセプト	（995件）
横浜IRの方向性２　世界最高水準のIRを実現	（887件）
横浜IRの方向性３　都心臨海部との融合	（789件）
横浜IRの方向性４　オール横浜で観光・経済にイノベーションを	（1,620件）
横浜IRの方向性５　安全・安心対策や横浜モデルの構築	（1,366件）
取組の背景、IR実現の効果、地域理解促進・合意形成、スケジュール等	（2,974件）
その他の意見等（素案に関連しない意見）	888件
合計	9,509件

スライド 10

横浜市のパブリックコメントの分析（2）
―公平に応答しているか―

▼**賛成、反対の分類**

以下の考え方に基づき、①賛成、②中立、③不明、④反対に分類

①賛成：・「賛成」「賛成します」等、明確に「賛成」の立場だと記載されているもの
　　　　・「期待します」「進めてください」「将来のために必要だと思います」等、計画の推進を期待する内容のもの
②中立：・「賛成でも反対でもありません」「中立です」と明確に中立の立場を記載しているもの
③不明：・計画に対する懸念や質問、意見等を記載しているが、それらの懸念や質問が解消された場合、賛成の立場になるのか反対の立場になるのか不明なもの
④反対：・「反対」「反対します」等、明確に「反対」の立場だと記載されているもの
　　　　・「やめてください」「子供に悪影響です」「中止すべき」「もっと別のことに予算を使うべき」等、計画の推進に否定的な内容のもの

スライド 11

横浜市のパブリックコメントの分析（3）
―公平に応答しているか―

▼**素案に関する賛成/反対**

意見の内容	意見数
1．賛成	2,483件（28.8%）
2．中立	14件（0.1%）
3．不明（案に対する懸念、質問、意見等）	439件（5.1%）
4．反対	5,685件（65.9%）
合計	8,621件（100%）

▼**市の素案変更への反映傾向**

意見の内容	参考	修正	合計
1．賛成	2,196件	287件（74.2%）	2,483件
2．中立	14件	0件（0%）	14件
3．不明	390件	49件（12.6%）	439件
4．反対	5,634件	51件（13.1%）	5,685件
合計	8,234件	387件（100%）	8,621件

修正に反映された部分の12%にしか当たらず、ここでも反対意見と賛成意見双方に偏りながら対応するという市の中立性には疑問が残る結果でした。(スライド9-11)

　以上の①から③の分析を通した総括をしたいと思います。特に次世代を担う若者にも関心を持ってもらおうと様々な手段を用いた情報発信には非常に積極的で、ＩＲ誘致の意義を伝えようとする市の意気込みが感じられました。

　一方で、政策方針の決定に関わる審議過程などの発信は、即時性も公開性も乏しいと思いました。その発信される情報内容や資料の内容にところどころ偏りがあるというのも課題が残ると感じています。

　特にＩＲ誘致の根拠となる経済波及効果ですとか、市税の増収効果、これらの数値の算定過程やコロナを踏まえた最新の分析状況が公表されておらず、果たして誘致が本当に妥当なのかどうかを第三者が分析したり、議論したりすることを困難にしています。これら誘致の是非について、建設的な議論を行う前提はほぼないに等しい状況なのかなとも言えます。

議会及び会見での市長発言

　最後に簡単に、林市長の発言や行動から見た政策議論の透明性における問題についても触れておきます。上の2つはこれまでの内容とも重複するので説明は省きますが、3点目の市としての自主的スタンスが欠けているという部分は代替案を提示しないという話にも通じる部分があります。市長は昨年の市議会本会議で、カジノなしのＩＲをなぜ検討しないのか問われた際に、国の制度設計の中で大型ＭＩＣＥ施設が民設民営で経営を成り立たせるにはカジノなしでは困難という検証結果が出ているからという趣旨を答えていて、市がなぜ代替案を考えないのかを国の制度設計を理由に明確な回答を避けていました。

　また、4点目は、市民説明会もコロナを理由に、途中で18区のうち6区を残して実地開催を中断して、動画配信に切り替えたのですけれども、それに林市長が個別に何か市民に応答するような場面はなく、もともと自ら説明に出向くとし

ていたことを途中で変えたり、住民投票の実施に反対したり、こういう姿勢から
はなかなか市民の声を真摯に聞こうという意思は感じられないと思います。それ
と同時に、政策議論の透明性を担保できているとも感じられないと考えます。私
からは以上です。

　○コーディネーター　　どうもありがとうございました。今、説明がありまし
たパブリックコメントに関する我々の研究グループの分析は資料２に載せていま
す。

3　横浜市のＩＲ推進の目的について

　○コーディネーター　　それでは、各論に入っていきたいと思います。横浜市のIRでは、観光振興、地域経済の振興、財政の改善の３つを目的としています。

観光振興

　まず、観光振興ですけれども、横浜市は先ほど来出ているようにＩＲ設置後、4,400 万から 7,800 万の効果があると説明しています。大川さんからは先ほど東京都との現状についての比較をすることはおかしいという指摘もありました。また、分析をする上での根拠についても問題点が多々あるという指摘もあったわけです。これらの点について、まず金井さん、いかがでしょうか。

　○金井　　林市長のこの動画は、いかに自分の市政運営で観光政策に失敗してきたかをるる述べるという、非常に珍しいタイプの代物であります。観光でこれだけ成果を上げたというのが、市長の普通の説明なのですが、いかに自分が無能であるかという説明を延々と聞かされてちょっとびっくりしたものです。けれども、大川先生の報告によると、そこまでひどくはないということだそうであります。いわば、「観光が失敗しているからＩＲが必要なのだ」という話をつくろうとするがゆえに、自分がいかに無能であるかということを、誇大的に延々と説明するというような事態に陥っていたのは、非常に自虐的だなと思いながら聞いていたところであります。いずれにせよ、観光が目的であるならば、観光振興という目的に資するために複数の手段を比較するということがまず大原則だと思います。

　簡単に言えば、観光振興目的を達成するためにＩＲを含む手段１とＩＲを含まない手段２の比較をしなければならないということです。それから、もちろんベー

スラインとして、何も変更しない現状の方法で行くという手段０（ゼロ）もあります。ゼロオルタナティブとも言います。これら３つを比較するということが必要だろうと思います。直感的には横浜港や元町中華街のような観光資源を抱えている、しかも、交通至便の横浜で、観光のポテンシャルがあるだろうというのは素人的には想像がつくと思いますが、それを精査することが大事だと思います。

　もっともＩＲの話を伺っていきますと、手段１と手段２では、実は観光振興に影響する手段は変わらないということで、結局、手段１と手段２の違いは、資金調達だけの問題であるということになるようであります。つまりＩＲの有無は観光やＭＩＣＥ施設への投資資金の調達方法の違いだけということになりますと、結局、どのようなコストを、どのように、誰が負担するのかという議論が重要だ、ということです。つまり費用対効果の分析をしなければならない。手段０（ゼロ）は費用ゼロですが、手段１はカジノで負けた人の負担。手段２は普通に観光客が支払う負担、あるいは市民の負担ということになります。結局、この負担が誰に配分されるのかを分析しないとならないということでありまして、観光の効果を単体で捉えるということはできません。

　それから、もう一つ、手段１では費用対効果に加えるべきものがあります。ＩＲのある観光振興の場合には、当然カジノで観光イメージがマイナスになるという可能性がありますので、そのときには、実はＩＲのない観光（手段２）よりは効果は小さくなるということもあり得ます。この３つの手段を分析することが非常に大事だと思います。真城さんのお話によると、今のところはそれが示されていないということで、大変残念な状態だと思います。

　〇コーディネーター　　ありがとうございます。次に、星野さん、経済効果についてはいかがでしょうか。

　〇星野　　公共事業みたいなもの、何か物をつくったり、インフラ整備したりすれば、経済効果はあるわけです。これは博覧会とかオリンピックの際にも言われているわけですが、別にイベントをしなくても公共事業には経済効果はあります。ただ、インフラ以外の部分について言うと、これはもう相当捕らぬタヌキ的なところがありまして、いろいろ資料を見せていただきまして、あまり夢を語り

過ぎかなというところがあります。

　例えば、ＩＲへの訪問者の見積りで、年 2,000 万人から 4,000 万人と書いてあります。これ、ディズニーランドが 3,000 万人強ということで、場合によっては、それ以上の人を集めるということになります。ユニバーサルスタジオが 1,500 万人ということですから、はるかに多い人々を集めるということを想定しています。

　民設民営であっても、業績が不振の場合には自治体が関わらなくてはならないかどうか。これ、いろいろ読んだのですが、今のところ、あいまいなようです。「横浜ＩＲの実施方針案の骨子について」というところにありますように、調子がよくない場合は設置自治体と業者が責任を分担すると書かれています。

　それから、それ以外のインフラ整備がどうなのか。さらにＩＲの住民への影響とか環境問題とか、その他の財政問題など、マイナス問題を、先ほどの市長のお話にもあるように、楽観ムードの中で突破しようとしているようです。

　○コーディネーター　　ありがとうございます。真城さん、いかがでしょうか。

　○真城　　ＩＲ設置後の観光客数などについて横浜市が出している数値はＩＲに関心のある複数の事業者が出した数字をそのまま引用したものであるので、市として推計したものではないのです。事業者ごとに出した数値やその算出根拠が示されておらず、第三者からすると、何でこれだけの集客効果ができるのかという分析は非常に困難です。

　民間の企業が事業を推進するに当たって、夢物語に終わってしまうことはよくあるのですけれども、一般的にはそれを株主だとか社外取締役とかが厳しく監視するのですが、横浜市の場合、現段階で事業者の数字をそのまま効果として説明しているので、今後、監視をどこまで行う考えなのかというのもよく分かりません。

　○コーディネーター　　大川さん、いかがですか。

　○大川　　真城さんがおっしゃったように、効果の試算は事業者が提供した情報に基づくものということだったわけですが、その値の詳細や根拠については全く明らかにされておらず、厳密な評価ができないという状態です。なお、効果の計算にあたって情報が不足しているため、一部の値を算出しなかった事業者もい

たといいます。このようにして示された効果をどれほど信頼できるでしょうか。

さらに、横浜市自身が行ったアンケートやその解釈の仕方の問題、他の自治体のデータとの比較のあり方に関する問題点等については、すでに申し上げました。

政策立案のエビデンスとして、これらを見るだけでも果たして十分なものなのかということについては疑問を抱かざるを得ないと思います。

○コーディネーター　ありがとうございます。横浜市の観光客はほかに比べて少ないという比較の仕方自体に問題があるということに加えて、ＩＲ設置後の予測の根拠も示されていません。これは先ほど真城さんも、情報公開で事業者に質問しているところが黒塗りになっているという話がありました。恐らく市は、事業者にその数値の根拠はどうですかと聞いている可能性はあるわけなのですけれども、その根拠が全く示されていないということが大きな問題ではないかと思います。

地域経済の振興

では、次に地域経済の振興についてですけれども、これも同様に事業者からの情報を整理したものとして、ＩＲ建設後の直接効果などが示されています。その点について、星野さん、いかがでしょうか。

○星野　ＩＲとかＭＩＣＥとか、インバウンドの話はアベノミクスの日本再興戦略改訂2014に書かれていたのですが、ここを見ると、法人税をどんどん下げていくというようなことが書いてある。日本経済がデフレを脱却して、構造的に改善しつつあることで、2020年度の基礎的財政収支黒字化という目標を掲げています。その結果、課税ベース拡大で財源の確保というような話です。もう既に2025年も基礎的財政収支均衡は危なくなっているところですが、相当大ざっぱな前提に乗って、いろいろな数値を出しています。

市長の政策転換の記者会見では、投資規模や売上げが数千億で、税収も最大1,400億とされています。いろいろ調べようと思ったのですが、カジノ企業の事業計画が非公表でなかなか根拠を見いだすことができていません。

○コーディネーター　　ありがとうございます。金井さん、いかがでしょうか。

○金井　　これも観光と同じく繰り返しになるのですけれども、ＩＲを含まないＭＩＣＥなどを行ったときと、どの程度の直接効果や間接効果の違いが出るのかを比べなければ意味がないと思っています。ＩＲ本体は小さいと言っているのですから、ＩＲ以外の部分の投資がどの程度大きいかどうかということが大事になってきます。それが大きければ、ＩＲがあろうとなかろうと、基本的な地域経済への効果というのはほとんど変わりはないということになります。それはあくまでも直感的なものでありまして、比較検証が必要で、比較検証して政策決定の議論をするということが重要なのであります。

私が申し上げたいのは、横浜市政の政策決定において、賛否両論や様々な効果を比べて検討をするという過程を経ているかどうかということです。そういう意思決定の健全性や透明性、中立性というのが問われているのではないかと思います。横浜市当局はどうも「結論ありき」の姿勢です。ＩＲを正当化するために、あえて自らの観光の実績まで悪く見せようというくらい、「結論ありき」の姿勢に立っているということがうかがえたわけであります。そのような「結論ありき」で作られた数字は、議論することにそもそも意味がありません。

○コーディネーター　　真城さん、いかがでしょうか。

○真城　　建設時の直接効果などについても施設別の内訳などがないため、検証は非常に難しいのですが、建設時の経済効果は建物の投資規模次第であると思います。この数字はコロナ前に出したものになっているので、事業者選定を進めている今はコロナ禍真っただ中で、多くの民間事業者の収益が悪化していることを考えると、事業者の初期投資というのはかなりしぼむ懸念があります。

横浜市の担当課のほうもコロナ影響で初期投資がしぼむ可能性というのは認めているのですが、どの程度、効果が減少するリスクがあるのか、ある程度の想定を改めて公表しておかないと、そもそもの前提が狂った状況のまま、計画を強行突破してしまうように映ってしまうと思います。

○コーディネーター　　ありがとうございます。この点については先ほどの観光と論点が重なって見えてきます。つまり、根拠が不明確であるということ。そ

れをそのまま大々的に効果だと主張するということ自体が非常に問題だということですね。

　あと、経済効果ということで言うと、先ほど大川さんの話にもありましたように、横浜市は真の中枢都市ではなくて、東京への能力供給都市であると。やはり経済効果というものは東京圏との関係も踏まえて分析をする必要があるかと思いますが、横浜市は全くそういうことはやっていないという問題を指摘することができます。

　また、金井さんが言われたように、やはり政策形成の透明性、健全性ということについても大変問題があると言わざるを得ないかなと思います。

　では、次に３番目の財政の改善についてですけれども、最初に財政の専門家である星野さんから横浜市の財政効果の主張について、御意見を伺いたいと思います。

横浜市の財政効果

　○星野　　ちょっとスライドを用意させていただきました。私は横浜市固有の問題と日本の問題と分けて議論させていただきたいと思います。いろいろなデータを示して、果たしてどういう対応が考えられるのかを見ていきたいと思います。

横浜市は日本一の人口規模

　まずは人口規模です。国勢調査で、平成 12 → 17 → 22 → 27（4.5％増→ 3.0％増→ 1.0％増）と伸びがだんだん縮んできて、これが逆転して減少という見通しになっています。

　もう一つ、大事なことなのですが、地方自治との絡みで見る横浜市は日本一の人口規模、18 行政区で 372 万人。これ 2015 年の数字ですので、今、もうちょっと増えています。実はこの数値のもつ重要な意味は、横浜市の皆さんは 372 万人で１つの議会と１つの首長さんしか持てていないということです。大きいことはいいことだということになるのかどうか。

　東京都内の場合、先ほども23区との比較をして、横浜の経済財政はこうであるなどという資料がありましたが、東京は、23の特別区合わせて927万人、特別地方公共団体が23あるわけで、それぞれに首長、公選の区長さんがいて、議会を持っているわけです。そこをどう見るのか。間接民主主義だけでいいのかという問題です。

　財政的には、2015年で見て他の政令市に比べそもそも人件費は低く、投資的経費は高い傾向で、民生費、教育費が少なめだと。これは政令指定都市の中での比較からです。

　それから、いわゆるプライマリーバランス赤字による影響。先ほども言いましたけれども、国が赤字解消を先送りしている中で社会保障関係費、これ、お年寄りが増えていきますから増えていくわけですが、その際、国の財政としては、地方交付税を何とか増やしたくないという流れになっています。

　そのときに何があるかというと、普通、地方交付税というのは、国の税金の一部を地方に交付しているのですが、最近実施されているのは、横浜市の資料にもありましたように、地方税である法人の住民税、この場合、法人市民税の一部を国税化して、田舎のほうにまくというような、いわゆる自治体間の再分配というようなことをやっています。

　これは流れとしては、幾ら要求しても、こうした制度が今後減る方向性に行くとは到底思えません。なので、法人課税でどんどん税収を得ていくのだという目論見がまずは捕らぬタヌキであろうということになる。期待は納付金と入場料ということにならざるを得ないと思います。

厳しい財政環境にＩＲの上がりで対応という論理

　これは横浜IR（統合型リゾート）の方向性（横浜市2020.8）からそのまま抜粋しているのですが、「横浜市では、生産年齢人口の減少に伴い、市税収入の減少（市税収入の約5割は個人市民税）が見込まれるとともに、高齢化社会等による医療・介護などの扶助費等の増加や公共施設の老朽化に伴う保全・改修費の増加などが見込まれており、これらの財政需要に対応するため、法人市民税等、多

様な増収策が求められています。」と、こんなに高齢社会で大変だという話が出ています。一方で、「法人市民税、上場企業数の他都市比較を見ても、上場企業数は東京23区に比べて17分の1、法人市民税は14分の1にとどまっており、大きな課題です。」と、23区に比べて、こんなに税金は少ないぞと書いてあります。

　横浜市の経済、財政が厳しいという主張は、もう国内需要にはあまり期待できないと。インバウンドに期待しようという話なのかと思いきや、実は観光客は3分の2以上、日本からの観光客で持たせようという話になっていて、ちょっとその辺に論の食い違いがあるようです。

　一方で、厳しい財政環境。今後の住民のサービス需要増はどうにもならないので、ＩＲの上がりで対応という論理になっています。これまでのところ、マイナス要因等をあまり見ていないで、多大な期待をしています。それで、ＩＲの参入関連企業もだんだんちょっと抜けてきてしまうわけで、そういうことになれば、さらに恩典を求められて、減税ですとか、あるいは補助金等々で自治体の持ち出しがないのかどうか。ＭＩＣＥは横浜のほかのところにもありますし、日本のあちこちでも動きがある中で、果たしてこれがすごい起爆剤になるのかどうかということも含めて見て

スライド12　横浜IR（統合型リゾート）の方向性（横浜 2020.8）から
なぜ 23 区と張り合う？

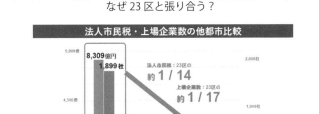

おかなければならないだろうと思います。

　それで、先ほども言いましたけれども、23区と比較している。東京23区というのは、いわゆる首都圏の通勤者、住民みんなで経済力を支えている。なぜここと張り合わなければならないのか。23自治体が集まっている東京特別区と一つの自治体たる横浜市。何で横浜が23区と張り合うのかがよく分からないという

スライド13　　　　　財政の改善

地方自治体の増収効果※ **820億 ～ 1,200億円／年**

（納付金収入、入場料収入、法人市民税、固定資産税、都市計画税）

【参考】30年度 法人市民税：620億円

項目	内容	使途	根拠条文
納付金	GGR（カジノ行為粗収益）30％ （国庫納付金15％、認定都道府県等納付金15％）	公益目的として 使用	IR整備法 第192、193条
入場料	日本人等の入場者に対し、1日（24時間）単位で徴収 6,000円（国と認定都道府県等で各3,000円）	公益目的として 使用	IR整備法 第176、177条

税の種類	対象（例示）
固定資産税	土地・家屋・償却資産（事業のために用いている構築物・機械等）
都市計画税	都市計画法による市街化区域内に所在する土地及び家屋
法人市民税	市内に事務所や事業所がある法人

話です。（スライド12）

この税の増収期待もちょっとよく分からないということです（スライド13）。

もう一点。では、まず日本国内でいろいろ人を集めることができるのかどうかというようなところを見ていきたいのですが、これは1人当たりのGDPですね。見て分かりますように、日本はOECDの平均を下回っています。それから、政府の財政規模も非常に少ない状態で、OECDの平均を下回っています。つまり小さな政府になっているということです（スライド14、15）。

一方、日本の税金、社会保険料の傾向は、税金が非常に低くて、特に個人所得税と消費税的なものが低

スライド14　　　　1人当たりGDP　2017

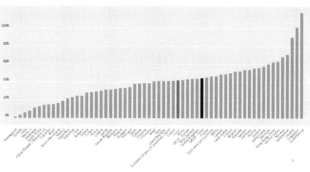

スライド15　GDP比一般政府支出
Goverment at a Glance 2019

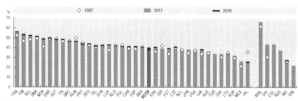

Source: OECD National Accounts Statistics (database). Data for India are from the IMF Economic Outlook (April 2019).

出典　スライド14.15とも　Source: OECD National Accounts Statistics (database). Data for India are from the IMF Economic Outlook (April 2019).

い。社会保障負担は OECD 平均を超えていますが、合わせた国民負担率としては少な目です。ですから、いわゆる社会保障の充実した高齢社会に対応するようにできていないので、

スライド 16　GDP 比でみた国民負担率の状況

OECDと日本1980〜2018　　2018年の北欧

年	OECD					日本					北欧の2018				%
	1980	1990	2000	2010	2018	1980	1990	2000	2010	2018	SWE	DEN	NOR	FIN	
国民負担率	30.9	31.1	33.3	31.9	33.9	25.4	28.2	25.8	26.5	32	43.9	44.4	39.6	42.4	
租税負担率	23.8	24	24.9	23.2	24.9	18	20.7	16.7	15.6	19.1	34.3	44.4	29.5	30.6	
個人所得	10.1	9.3	8.5	7.4	8.1	6.2	7.8	5.4	4.9	6.1	12.9	24.1	10	12.2	
法人所得	2.3	2.4	3.2	2.7	3.1	5.5	6.3	3.1	4.1	2.8	2.9	6.5	2.5	
財産税	1.6	1.7	1.7	1.7	1.9	2.1	2.7	2.7	2.6	2.6	2.1	1.3	3.1	3.4	
財サービス	9.8	9.9	10.8	10.6	10.9	4.1	3.9	5	5	6.2	12.4	14.6	11.7	14.3	
うち一般消費課税	4.6	5.1	6.3	6.4	6.8		1.2	2.3	2.5	4.1	9.2	9.5	8.4	9.1	
社会保障負担率	7.1	7.1	8.4	8.7	9	7.4	7.5	9.1	10.9	12.9	9.6	0	10.1	11.8	
事業主	4.6	4.7	5.5	5.3		3.8	3.6	4.2	4.9		6.9	0	5.9	7.5	
被用者負担	2.3	2.7	3.1	3.2		2.6	3	3.8	4.7	6.1	2.8	0	3.5	3.5	

出典　Revenue Statistics,OECD.

まずはこういうところを地道に考えていかなければいけないわけです（スライド16）。

日本の人口は下げ止まらない

　一番大事なことは、これはちょっと横浜そのものの話とは離れていきますが、おそらくはかなり可能性の高い現実の未来です。これから日本も人口が戻ってくるとか、保育所作って手当をどんどん配れば、日本の人口が下げ止まる、合計特殊出生率 1.8 に行くのではないかというような捕らぬタヌキ。これは絶対違うぞということだけは言っておきたいと思います。それはなぜかというと、高負担国の北欧でさえ、出生率は 1.6 から 1.9 しかないのです。先ほども言いましたように、北欧は社会保険料と税金を含めて、世界のトップクラスの高福祉高負担国家です。女性の活躍ですとか、差別も少ないということで皆さん

スライド 17　スウェーデンの都市形態別人口変化 1

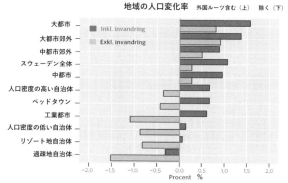

地域の人口変化率　外国ルーツ含む（上）除く（下）

出典　Ekonomirapporten OM KOMMUNERNAS OCH LANDSTINGENS EKONOMI – APRIL 2015
Sveriges Kommuner och Landsting

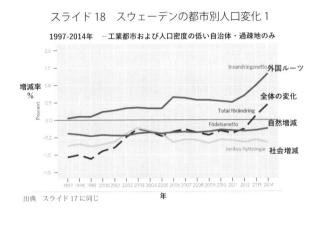

スライド18　スウェーデンの都市別人口変化1

出典　スライド17に同じ

も御存じかと思いますが、そういうところで税金をたっぷり取って再分配して社会保障をやっている国でさえ、1.6 から 1.9 です。では、どうやって人口を維持しているかというと、実はこれは外国をルーツとする人々がどれだけ入ってくるかで、いわゆる内部の人々だけでは人口増というものはなかなか維持できていません。

（スライド17、18）

　つまり、国内の人口、経済、地方自治の観点から IR をみると、出生率、人口に関する現状認識の甘さが目に付きます。本当に外国人ばかりに頼れるのか、経済力、財政力からみれば、日本は、既に、先進国ではない。もちろん発展途上国でもない、成熟国となったと認識すべきでしょう。横浜市は、面積 437.7㎢、372 万人（2015 年）で 1 自治体、一方、東京特別区は、面積 627.6㎢、927 万人（2015 年）には 23 の区（自治体）がある。昼夜間人口比が違うし、そもそも比較すべきでない。横浜市は、東京都と比較するのではなく、むしろ、規模の大きさを嘆くべきと思います。地方自治と民主主義の観点が欠如しています。

　多様性社会をどう見ていくのかも含めた議論が必要

　ですから、横浜がこれからを考えるのであれば、もし活性化したいのであれば、これから多様性社会をどう見ていくのかということも含めて議論していかなければならないでしょうし、国全体としても、人口が増えていかないで減っていく中で、では、どういう人々を IR に呼ぶのかというと、先ほどもちょっと議論がありましたけれども、超富裕層というような辺り。日本は幸か不幸か、格差社会に

なりつつありますから、この格差社会がどんどん進むようにする。所得税の最高税率をどんどん下げて、お金持ちがどんどんお金を使いたくなるような社会を目指すと。ＩＲをそこに立地しても何とかやっていけるほど、彼らが余裕を持つよう法人課税をどんどん下げていくような仕組み。こういうものをどんどん進めていく。なおかつ、いろいろな規制をすればマイナス面を抑えることはできますが、ＩＲが成功することから離れていきますから、マイナス面に目をつぶるようなことをすれば、ＩＲ自体は一歩一歩前のほうに行く可能性があります。もちろん、悪い冗談です。果たしてこの国でそういうことをすべきなのか。特に横浜でそれをすべきなのかという論点を紹介しておきたいと思います。以上です。

　○コーディネーター　　ありがとうございます。大川さん、いかがでしょうか。

　○大川　　先ほど星野先生から地方自治に関する重要な御指摘がありましたが、専門家と行政、住民とが互いに耳を傾けながら、将来の検証に資するエビデンスを生み出していくことが大切だと思います。

　確かに横浜市は自治体の規模としては大き過ぎるわけですけれども、政策のエビデンスの観点からは、少なくとも現に推進されているＩＲの効果については、根拠あるロジックが提示されなければならないと思います。

　ところが、ＩＲの増収効果の額と根拠については、「対外的に公表しないことを前提として事業者から提供された情報であり、事業者のノウハウや戦略が含まれるため、お示しできません」と横浜市は言っています。要するに、具体的に説明することを避けているわけです。

　また、横浜市として効果を本当に精査、吟味したのか。したのだとすれば、どのような方法を用いて評価したのか。こういったことについても明らかではないということです。エビデンスとして、検証・反証可能性に欠けていて、横浜市による財政への効果に関する説明は説得力に乏しいものになっていると言わざるを得ないと思います。

　○コーディネーター　　金井さん、いかがでしょうか。

　○金井　　カジノ客がすった金の一部が財政収入になるというのであれば、その限りで財政効果はあるのかもしれないわけです。けれども、カジノ客の財布が

同じであるならば、胴元である事業者と行政に金が吸い上げられた分、観光など、民間経済に使われる金の量は減るということでありますから、要するに、横浜市内の民間経済に回る金が減るということになる。減った分をカジノ事業者と国と自治体が収奪するわけです。

　民間から搾り取れば、少なくとも短期的に財政が改善するかのように見えるというのは、その限りでは当たり前なのですが、その分、民間消費は減退します。したがって、全体として何がどうなるのかというのは分からない。地域経済モデルとか、国民経済モデルによりけりということなので、財政効果を単体で議論するというのはちょっと意味がないと思っております。

　○コーディネーター　　なるほどですね。これまで3つの目的について議論をしていただきましたけれども、いずれも反証可能な形でのエビデンスが示されていないということで、果たしてそれで効果があるかどうか全く分からないという状況だと言えるかと思います。

　また、星野さんから御指摘があったように、380万人近い基礎自治体で1人の市長と1つの議会しかないというのは世界で横浜市しかないのです。ニューヨークだって、区長は選挙で選んでいますし、パリ、ハンブルク、ベルリンでも区議会、区長は選挙で選ばれています。このような面でも横浜市の民主主義のあり方が問われるところかなと思います。

4　ＩＲ推進における懸念事項について

○コーディネーター　　それでは、次にＩＲ推進における懸念事項についてですけれども、ギャンブル依存症対策について、まず大川さん、お願いします。

ギャンブル依存症対策

○大川　　国はカジノ管理委員会という組織を設けていますが、そちらに関係する特定複合観光施設区域整備法施行規則という省令があり、依存防止対策が掲げられています。

かなり甘い、不十分な対策

それによりますと、本人の申出により又は家族等の申出により依存防止の観点から講ずるカジノ施設の利用制限措置は、カジノ施設の入場禁止又は１月ごとの入場回数制限を１年間以上継続する等の措置を講ずること。顧客の言動や利用状況に照らし、依存防止の観点からカジノ施設の利用が不適切と認められる者の発見に努め、退場の促し等の措置を講ずること。カジノ施設内外からアクセスできる相談対処体制の整備や関係機関等との連携、上記の利用制限措置に関する情報提供等を行うことなどが定められています。

その一方で、特定金融貸付業務（カジノ施設が利用者に賭金を貸す業務）については、幾らまでという総量規制がなされていません。それから、賭金額の上限の規制もありません。そして、コンプリメンタリー、略してコンプと呼ばれます。これはホテルの宿泊費とか飲食費等がカジノの利用によって無料になるという優遇サービスのことなのですが、そちらの総額規制もなされておりません。

先ほど田中さんに御説明いただいたようなギャンブル依存症の持つ深刻な症

状、あるいは周りへの影響に照らして考えますと、やはりかなり甘い、不十分な対策のように感じます。仮にカジノが経済効果を生むとして、しかしその裏で多くの方々が依存症に苦しむことになるのだとすれば、そのような事業に正統性を見いだせるかどうかということです。横浜市の政策立案にあたって、カジノを推進することによる副作用にも言及されてはいますけれども、そうした形だけのことではなくて、実際に依存症の苦しみのうちにある方々の声に真摯に向き合うべきだろうと思います。

　〇コーディネーター　　それでは、金井さん、いかがでしょうか。

ギャンブル依存症対策とカジノ事業成立とは利益相反

　〇金井　　政治学の古典的理論なのですけれども、独立規制委員会というのは規制対象の業界や企業に取り込まれる傾向があると言われます。非常に有名なものです。英語で「キャプチャー」と言うのですけれども、日常用語で言えば、「ミイラ取りがミイラになる」ということです。カジノ業者を規制しようと真面目に仕事をしていても、いつの間にかカジノ業者に取り込まれかねないというのが、この独立規制委員会の性（さが）であるということであります。

　これは真面目に規制しようと思ってもそうなのですが、カジノ解禁のためにわざわざ新たに設置されたカジノ管理委員会は、そもそもカジノがなければ存在し得ないという組織ですから、組織防衛のためにもカジノを育成するしかないということを運命づけられています。政治学・行政学的な知見から言うと、そうなります。したがって、組織防衛のためにもカジノを育成する。したがって、真面目にギャンブル依存症を抑えるために規制するというような組織設計にはなっていないということが実態であります。

　依存症対策が成功してしまえばカジノは繁盛しません。依存性があるからこそ、とめどもなく賭け事につぎ込み、だからこそ、カジノ事業が成り立つと。したがって、ギャンブル依存症対策とカジノ事業成立とは要するに利益相反であります。

　カジノを推進したい国、自治体、カジノが存在することによってのみ存在意義が生ずるカジノ事業者とカジノ管理委員会の集まりでは、ギャンブル依存症対策

など進むはずがありません。いわば「泥棒が縄を持っている」ような状態であるということが言えるわけであります。

　○コーディネーター　　真城さん、いかがでしょうか。

　○真城　　ギャンブル依存症対策は一般の市民に限らず、多くの国民が懸念するところだと思いますが、ＩＲの実施方針では対策として複数の項目を上げていて、依存症などへの相談支援、生活困窮などの相談窓口、依存症相談窓口との連携など、市が主導して、何を、いつまでに、どう進めるのかというのが見えづらく具体性に欠ける印象です。

　林市長は過去に議会で、むしろ依存症を抑え込めると考えているというような趣旨の発言をしているのですが、現状示されている対策ではその根拠が不足しているように思います。増収効果の大部分がカジノによるところである以上、規制をかけ過ぎるとカジノ収益が減る可能性は否めないので、その整合性をどう図るかというのがＩＲの計画全体の要になると思います。

　例えば、横浜市の実施方針で、カジノ施設の設置運営者に求めることとして、20歳未満の者がゲーミングに触れる機会を限定するための措置ですとか、入退場時の本人確認の徹底などを上げているのですが、シンガポールの場合は21歳未満に加えて、破産した人や国の財政支援受給者らの入場を禁じているほか、本人、家族だけではなくて、第三者の判断による入場制限も行っています。具体的には第三者機関であるＮＣＰＧというところがカジノに複数回入場した人の審査などを行って、場合によっては利用制限措置を判断するというようなことをしているようです。横浜市の依存症対策には、このような踏み込んだ制限措置というのがないので説得力に欠けます。

　また、シンガポールは国民の管理体制が大きく異なるので、そこでの依存症対策の効果を横浜でもＩＲを推進できる１つの根拠とするのは現状では危ういのではないかと思っています。

　○コーディネーター　　ありがとうございます。星野さん、いかがでしょうか。

　○星野　　コロナ対策でも言われましたけれども、要は人々の動きをどう制御できるかという問題です。もうかるＩＲという点では、できるだけ規制のないＩ

Rにしなくてはなりません。

　一方で、依存症をどうするのか。スウェーデンのアルコール依存対策もあって、3.5％を超えるお酒はシステムボラーゲットという、国営のお酒屋さんでしか買えません。スーパーで買えるのは非常に度が薄いものしか買えないというようなことで規制を行っております。

　ですから、単に購買の年齢制限をやったとか、緩いものではなくて、かなり強烈なものが本当にできるのかどうか。やればやるほど規制の効果はあっても、ＩＲとしてはうまくいかないということになるので、基本的になかなか難しいということになります。

　○コーディネーター　　皆さんからの御意見をいただきましたけれども、先ほどもありましたようにシンガポールで効果が上がっている、そういうことを何回も横浜市は言っているのですけれども、だから横浜でも効果が上がるんだというのは、それだけのことをやる気があれば、可能性としてはあるかもしれないですけれども、国の依存症対策自身がバケツの底が抜けている、そして、さらに、田中さんが言うように、横浜市には依存症対策をやる気が全く感じられないということですので、依存症患者が激増することになるのではないかと心配されます。

　また、シンガポールは国内客を厳しく制限していて、国内客は１割まで行かないわけです。ところが、先ほど横浜市長のビデオにありましたように、日本は３分の２が国内客ですよという計画を平気で言っているということですので、これは大変なことになるのではないかと感じるところでございます。

　そのほかの懸念事項としては治安対策等々あるのですけれども、ちょっと時間が押していますので、治安対策についての議論は省略させていただきます。

5　ＥＢＰＭにおける重要な要素と横浜IR

○コーディネーター　　次に、ＥＢＰＭにおける重要とされる要素に沿って横浜ＩＲについて議論していきたいと思います。最初に大川さん、お願いします。

強い政治性

○大川　　私は政治学、政治過程論を専攻しているのですが、そもそも政治や政策のプロセスは、様々なアクターが関わる多面的なものであります。客観的なエビデンスを持ち、立案、形成された政策がたとえ「正しい」ものであったとしても、それが政治的な支持を得られるかどうかは分からないということもあります。こうして現実の政治のプロセスにおいてはエビデンスが軽視されたり、ゆがめられたりする傾向が存在します。また、仮にエビデンスが把握されたとしても実際には活用されないということがしばしば起こり得ます。先ほども私の報告で申し上げましたように、エビデンスには政治性が多分に絡んでまいります。

ただ、横浜のＩＲに関しては、エビデンスの政治性を問う前に、ＩＲ誘致そのものの政治性の強さを指摘することができます。横浜市としては、すでに述べた通りエビデンスの確かさをめぐる問題がある中で、増収効果とか観光・経済振興をＩＲ誘致の主たる理由として掲げています。一方で、政府のＩＲ推進の方向性を大義名分とし、自らと近い政府高官、すなわち第二次安倍政権で一貫して官房長官を務め、地元横浜を選挙区とする菅義偉首相の存在をＩＲの推進力としてきたことは否定しがたいと思います。

ちなみに菅首相の観光・経済政策のブレーンの１人とされているデービッド・アトキンソンさんはその著書の中で、ＩＲの誘致を強力に主張し、ＩＲ施設の原動力となるのだから、ＩＲはカジノつきでなければならないということを主張さ

れています。これと同じ方向性を持って、政府にあって安倍晋三前首相とともに歩み、横浜市の林市長を政治的に支えてきたのが菅首相ということになるのですが、最新の動きでは、林市長ははしごを外されようとしているようです。

　林市長や横浜市はＩＲの誘致について、事あるごとに国の方針であるからということを強調してきました。プラス面だけではなく、マイナス面も指摘される中で、これではＩＲの誘致主体としての認識、自覚に欠けているとの批判は免れないでしょう。

　結局、この横浜ＩＲにおいては政策やそのプロセスの政治性が非常に強いために、エビデンスを反映しようにも十分に反映されづらい状況を招いているのではないかと考えられます。

　○コーディネーター　　真城さん、いかがでしょうか。

　○真城　　ＥＢＰＭではメリット、デメリットの比較分析も非常に重要です。横浜市は、メリットについては経済波及効果や市税増収効果などを非常に強く発信していく一方で、デメリットについては市のほうからあまり説明がありません。依存症や治安への影響は当然ですが、例えばＩＲ施設内で集客や雇用が増える分、周辺の商店街などの空洞化ですとか雇用の減少、その辺りをどう想定しているかというのは細かい説明は全くないので気になるところです。

　住民の代替案提案

　○コーディネーター　　ありがとうございます。資料１のＥＢＰＭの説明のところに、我々の研究グループでの整理を入れています。その中で、オルタナティブ、つまり代替案、先ほど金井さんからもありましたけれども、代替案の検討が重要であると指摘しています。横浜市ＩＲの代替案としてカジノ無しの IR の案が出されていますが、代替案の検討について林市長は、国のＩＲ法ではカジノを前提としたＩＲなので、代替案を検討する必要はないと発言しています。この点について、金井さん、いかがでしょうか。

○金井　　林市長の御発言はちょっと意味不明です。確かに国のＩＲ法はカジノ必須としていますけれども、横浜市の観光振興やＭＩＣＥ、あるいは財政強化と

いう目的を達成するためにＩＲを採用するか、しないかというのは横浜市の判断であります。あたかも国のＩＲ法制定において、カジノのないＭＩＣＥは日本では採算が取れないかのごとき結論が出たかのようなことを言っております。しかし、ＩＲなきＭＩＣＥが日本ではあり得ないなどということを検証し、あるいは決定したなどということはありません。つまり国の法制度や政策決定自体を正確に理解していないように思われます。横浜市は、ＩＲ事業に手を挙げるまえに、まずは虚心坦懐に制度・政策を考えるべきです。

　〇コーディネーター　　星野さん、いかがでしょうか。

　〇星野　　カジノを含むＩＲでこのような効果が出るという話は個別の話ではなくて、もっとコミュニティーの整備の中で、少子高齢化の中で地域住民の生活がどう変化していくのかというようなことを総合的に分析しなくてはならないのではないかと思います。

　住民が減少する中で、外国人の観光客とか定住者が増加することを期待するのであれば、そこをどのように住民と、それから、今までの生活スタイルと整合性を持たせてやっていくのか。その中から代替案が出てくるのではないのかと思うのですが、個別に部分部分でやっているので、全体的な生活のイメージが出てきていないというのが問題だと思います。

　〇コーディネーター　　幾つかのところから代替案が出されているのですけれども、この点については、大川さん、いかがでしょうか。

　〇大川　　公開されている情報や資料からは、代替提案をされた側のエビデンスがどの程度信頼できるものなのかということは、正直判断しかねる部分があります。その一方で、カジノありきではない提案が横浜市の募集に対してなされたり、また、この問題の当事者である山下埠頭の事業者からも相当の期間にわたり、代替案についての提案がなされたりしているということは重く受け止めるべきではないかと思います。代替案においては、住宅に関する提案など、より市民目線を意識した部分も見受けられます。

　もちろん反対派の中にも様々な意見や利害、あるいは立場があると思われますけれども、代替案を見る限り、カジノ以外の部分では市の構想と相当程度重なり

合う部分があるように感じられますし、住民の治安や依存症への懸念の根強さも考慮した上で、まずは市の構想と代替案の両方をしっかりと机上に並べて議論していくということが大切ではないかと思います。

　○コーディネーター　　金井さん、いかがでしょうか。

　○金井　　今、このシンポジウムの場で代替提案と市の構想の比較対照、あるいは優劣を論じることは適切だとは思いません。重要なことは、政策決定過程の評価です。第１に、横浜市が代替案と比較していないという根本的なミスをしているということが挙げられます。そして、第２に、せっかく横浜市政の政策立案能力の足りないところを補完するために民間団体が代替提案をしているにもかかわらず、市の政策決定過程でそれを議論していないということです。本来、市が作成すべきものを民間が自己負担でつくってくれたのですから、市は感謝すべきぐらいなのに、全くそれを評価していないということです。第３に、あえて言えば、市は政策立案において、民間団体が独自の代替提案を作成できるように、市は専門家からの支援を行うべきだと考えられています。これはアドボカシーというのですけれども、本来、政策決定過程というのはそのように行われるべきであると考えられます。

　○コーディネーター　　今、金井さんが最後におっしゃられたように、アメリカなどでは、市民団体が行政から出された案には必ずしも賛成できないので代替案を検討するという場合、行政側はそれを資金的にも援助する、さらに専門家の議論などを住民が勉強できるようにサポートする。そういったことが行われているわけですね。日本ではそういうことは行われていません。今回の場合もそうですが、日本では自分のお金で代替案までつくるわけです。しかし、それを市長、市役所が検討もしないというのは、エビデンスベースの問題以前に、市長、市役所は市民からの案は市政の埒外であるというように考えていると言わざるを得ないかなと思います。

　ホワット・イフの検討

　次に、今、オルタナティブの話をしたのですけれども、EBPM では、ホワット・

イフの検討も重要とされています。つまり社会的な状況が変化した場合に、それをきちんと分析するということですね。まさにコロナ禍が発生している状況の中で、アフターコロナにおいて、観光客がどこまで戻るのかといったようなことについても、どこまで予想できるかということがあると思いますけれども、これも１つの社会環境の変化ということで検討が必要ということになるのかと思います。大川さん、いかがでしょうか。

〇大川　　まさに今、コロナ禍にあるわけですけれども、これがコントロールされれば、むしろインバウンドがそれまでよりも増えるのではないかという予想もあるようです。ただ、有識者の方にヒアリングしたところでは、完全には戻り切らず、大体８割程度ぐらいになるのではないかという見方が一般的には強いということです。現在の横浜市の見込みがコロナ禍による影響を十分に読み込めていないということだとすれば、それらも踏まえた上で、事業予測を客観的、科学的な視点で立てていくということが非常に重要ではないかと思います。

〇コーディネーター　　真城さん、いかがでしょうか。

〇真城　　インバウンドの回復動向はもちろん注視が必要ですし、先ほど見たとおり、コロナ禍真っただ中での事業者選定になっておりますので、初期投資がしぼむ可能性についても考慮が必要だと思います。コロナ禍で根づいた新しい生活様式で、カジノ施設やＭＩＣＥの施設の存在意義自体も見直される局面にあるかもしれないので、コロナが起きてしまった以上、コロナ後の変容した社会を想定した中での施設全体の収益分析ですとか、経済波及効果などを検証して市民に示す必要は当然あると思います。

〇コーディネーター　　金井さん、いかがでしょうか。

〇金井　　新しい状況が発生した場合には、それ以前の予測や見積りは変わってくるでしょう。最新の状況に合わせて立案内容を見直すというのは当然のことです。例えばＣＯＶＩＤ－19以前は、横浜市には充分に観光資源もあり、ＭＩＣＥやポテンシャルもあったかもしれませんが、コロナ以後には横浜市の観光都市や観光港としての魅力がなくなったのかもしれない、ということはあり得ます。

　例えば、コロナと横浜と言えば、ダイヤモンド・プリンセス号の長期着岸検疫

と船内クラスターというのは世界的に有名でありまして、第2次安倍政権の検疫、水際対策の不手際の結果、横浜は回復できないような風評被害を受けているのかもしれません。もはや払拭できないぐらいの汚名を浴びてしまったので、通常の観光地としては価値がゼロになったというような見方もあるのかもしれません。

　そこで、「毒を食らわば皿まで」で、もうカジノしかないんだ、もはや観光振興は無理だから、賭博しかないのだ、という考え方も新たな状況としては出てくるのかもしれません。そうならば、もはやIR自体不要でありまして、観光施設なき、あるいは観光振興を目的としない純然としたるカジノの合法化、いわば公営競技としてのカジノを目指すというように国に陳情するべき、というような新たな事態が生じているのかもしれません。ポストコロナの時代では、どうせ横浜では観光は無理なのだという判断です。

　以上はいわば素人的な1つの仮想の物語にすぎません。要するに新しい状況を踏まえて、実際の状況は一体どうなっているのかを検討することが必要なのだということです。ただ、コロナがあっても、卓球の某元有名選手は横浜で宿泊デートしたという報道もあるようなので、横浜の価値、あるいはブラントは、下がっていないのではないかなという気もするところです。要は新しい状況をちゃんと検討してほしいということであります。

　○コーディネーター　　ホワット・イフ、これはやはりエビデンス・ベースド・ポリシー・メーキングでも非常に重要だとされているわけです。根拠なく、将来予想をただ明るく予想するということもやはりエビデンスを無視する姿勢という動きになろうかと思います。

　住民投票の問題
　次に、ＥＢＰＭにおいては人々の声をきちんと受け止めることが重要とされています。まず住民投票の話が先ほども出ていましたけれども、この点について、大川さん、いかがでしょうか。
　○大川　　林市長はＩＲの誘致を表明した際も、実は「住民の御理解が全く足りていない」ということを自らお認めになっていました。しかしながら、その後

も住民の多様な声を十分傾聴しているようには感じられません。その象徴がＩＲ誘致の是非を問う住民投票条例の制定への姿勢ではないかと思います。

　実際、2020 年 12 月には法定数の 3 倍超に当たる約 19 万 3,000 筆の有効署名が集まって、住民投票条例の制定が請求されました。これに対して、林市長は請求前に行われた記者会見では、議会で条例案が可決され、住民投票が実施されて、そしてＩＲへの反対が多数を占めた場合には、その結果を尊重すると述べていたのです。ところが現実には、2021 年 1 月、林市長は住民投票の実施について「意義を見いだしがたい」と反対意見をつけた上で条例案を市議会に提出し、この案は多数を占める自民党、公明党の反対によって否決されるという経過をたどりました。

　住民に対し、誘致について丁寧に説明し理解を得たいとしていた林市長なのですが、先ほども申し上げたように、ＩＲ誘致は非常に政治性の濃いテーマということで、それを強く反映する形で、住民、市民に対する一方的で十分でない説明にとどまり、残念ながら、反対派を含む住民との意味ある対話にはなっていないということだろうと思います。

　○コーディネーター　今の住民投票の問題、それから、先ほど真城さんから説明がありましたパブコメですね。それから、大川さんからは市の説明におけるアンケートの問題がありました。これらを含めて、金井さん、いかがでしょうか。

　○金井　英語のエビデンスには証言という、いわゆる一般用語的な意味もあります。パブコメの市民意見は、いわば市民による証言の 1 つであります。住民投票の結果も市民の集団的な証言の 1 つです。そして、市民アンケート調査も証言を取ることに役に立ちます。市民説明会を精力的に行うことも重要です。こうした様々な証言に対して真摯に応答するということが政策決定において重要です。

　住民投票の意義がないというように市長が言明した以上、それに代わる証言の集め方が決定的に重要であるということになります。結局、市民説明会を選択したようでありますが、そうならば、それは根幹的な証言の集め方として、ＩＲに関する全市域における各区での市民説明会というのが重要であります。それをＣＯＶＩＤ－19 を理由に途中でやめたというのは、証言の集め方としては全く不

充分と言わざるを得ません。つまり広く市民説明会ができなかったことは、すなわち証拠不充分であるということで、それ自体で政策判断を留保すべき事態と言わざるを得ないでしょう。

　○コーディネーター　　ありがとうございます。星野さん、いかがでしょうか。

　○星野　　日本一の人口を抱える横浜市ということをまず意識しなければなりません。大きすぎる規模の問題点を、自治の様々な回路で補完しつつ、機能させなくてならないわけです。国連統計でも、東京圏という、横浜ですとか、東京ですとか、埼玉の南のほうですとかを合わせた範囲は、世界一の人口集中地域とされています。

　その中で、東京23区は夜間人口より昼間人口が多い。横浜の場合は昼間人口のほうが少ないわけで、ベッドタウン的な機能を持っています。北のほうではとくに良好な住宅地なわけです。ですから、この首都圏の中で横浜がどういう位置づけなのかということを考えながら、そもそもこの巨大な、過大とも言われるような都市圏の中でどう性格づけて歩んでいくのか、住みよい横浜にしていくのかという配慮をしていかなければなりません。

　やはり370万で1つの議会と首長さんというのはそこに住む人間1人の価値といいますか、人間の存在がないがしろにされていると言わざるを得ないのではないかと思います。

『広報よこはま』のＩＲ特集号

　○コーディネーター　　横浜市では、若者をターゲットに広報を行っているようです。先ほども話がありましたけれども、この辺の状況について、大川さん、お願いいたします。

　○大川　　2021年3月に横浜市が発行した『広報よこはま』の特別号はＩＲ特集号ということになっています。この中でインタビューを受けた大学教授が、大学生たちは過半の人がＩＲ推進に賛成していて、ポジティブな意見が出ていると語っています。

　横浜市は実際、2020年に市内の5つの大学で、ＩＲをテーマにしたオンライ

ン授業を実施して、延べ約 680 人が参加したということです。

　もっとも「授業」ではあるのですけれども、市の担当者によって、ＩＲの誘致の意義やメリットが強調されることになったでしょう。このことの影響も当然考慮する必要があると思います。そうした説明の直後であれば、学生の意見が講師の話に好意的な側に傾きやすいということは容易に想像されます。十分な客観性が確保されない中でアンケートを行ったとしても、その結果は意味を持たないということになりますので、解釈には慎重さが求められると思います。

　なお、2017 年の衆議院選挙に際して、神奈川新聞社が県内の有権者を対象に行った世論調査（2017 年 10 月）の結果を見ると、職業別で学生だけが唯一、若干ですけれども、賛成が反対を上回ったということです。こうしたことも踏まえて、市が若者たちへのＰＲを重視しているのかなというようにも思われます。

　ちなみに、本学でも昨年横浜市の担当者による授業が実施されたのですが、講義の担当教員によれば、後日の授業で反対派の説明を聞く機会も設けたうえで履修者にＩＲ誘致の賛否について尋ねたところ、その多くが経済の活性化に関心を持ち、過半数が賛成の意向を示したということです。

　○コーディネーター　　授業の効果を、講師、横浜市の方が来て話をしたということですけれども、講師が自分の講義の効果を知るためにアンケートを取るということまでは問題ないと思いますが、その結果を自らの政策のＰＲのために使用するというのは、大学の授業を目的外に利用することになるので、これは許されないことだと思います。

　金井さん、いかがでしょうか。

　○金井　　単位認定権を背景に、教壇から授業の一環として行う大学生への「説明」というのは、政策過程での証言を得ることには役に立たないというのはおっしゃるとおりであります。ただ、大川先生御指摘のとおり、一般の世論調査の結果を証言として参考にするのは非常に重要なことでありまして、世論調査の結果として、賛成の多い世代と反対の多い世代があるときに、賛成の多い世代がいるということを言うことは重要なことです。ただ、それだけを言うのは公正な証言の取扱いにはならないということになります。反対の多い世代もあると公平に言

わなければなりません。

　実際、広報よこはまの特別号、ＩＲ特集号では、高齢世代に反対が多いという
ような記載はあったんでしょうか。あれば、一定程度の公正性が存在するのでは
ないかと思うのですけれども……。

　○コーディネーター　　この点については、真城さん、いかがでしょうか。

　○真城　　広報よこはまの３月の特集号だと、大学生たちの過半からポジティ
ブな意見が出ているという趣旨の教授のコメントの紹介となって、紙面の中で反
対の多い世代についての言及は特にありませんでした。なので、これは金井先生
のおっしゃるとおり、公平性が欠けていると思います。

　確かに、将来の社会を担う若者に市の施策を周知して関心を持ってもらうこと
は重要で必要です。横浜市はＩＲについて、フェイスブックの公式アカウントを
つくったり、あと、タレントを招いたシンポジウムを開催するなど、学生とか若
年層を意識した広報に非常に力を入れています。なので、市の発信手法もＩＲ推
進の効果ばかりを訴えるのではなく、若者がバイアスのない中立的な視点で施策
の是非を判断できるよう、メリット・デメリット、リターン・リスク双方偏りなく、
伝えることが求められると思います。

　○コーディネーター　　最初に立法事実について、社会状況、それから社会的
な規範意識を踏まえる必要があると申し上げましたけれども、やはり市民の意識、
ＩＲについては依存症の問題もありますし、カジノを誘致するのはいいのかどう
かということについて、市民の意識を正面から受け止めることが大事だと思いま
す。しかし、市はそれを避けているということは、市民の意識からも大きく乖離
しているのではないかと思います。

　それから、今、金井さんからもお話ありましたように、授業はエビデンスには
ならない、そのとおりです。それを横浜市が各大学ごとに、学生の賛成意見がこ
れぐらいあったということをホームページに出しているわけですね。これは本当
におかしなことであります。大学の授業を目的外に利用しているということなの
で、直ちに横浜市はこのサイトを削除していただきたいと思います。

政策形成の健全性と透明性、真実性と誠実性

　それでは、次に、政策形成の健全性と透明性ですけれども、これについて、まず大川さん、いかがでしょうか。

　○大川　　そうですね。健全性と透明性は非常に重要だと思います。ＩＲ誘致については、横浜市の将来を左右し得る問題だと市自身も認めている中で、カジノによる横浜のイメージの毀損を危惧する声が多く、実際に居住する住民の利益とか幸福といったものを左右する可能性が大きいわけですから、本来は誘致を表明する前に、市長がリーダーシップを発揮して、住民との対話を重ねながら、ボトムアップで誘致への理解と納得を得て、政策立案にあたっての強く正統性あるエビデンスとするべきだったのではないかと思います。エビデンスの民主的正統性という観点が、このＩＲ誘致にあっても極めて重要だったのではないかと考えます。

　○コーディネーター　　真城さん、いかがでしょうか。

　○真城　　報道機関は行政などが進める政策形成において、健全性と透明性が担保されているかの判断材料を読者に提供するために日々取材活動をしています。ただ、横浜市が現時点で開示している情報ですと、効果として打ち出している数値の根拠が公開されておらず、政策推進に当たって重要な方針決定の場となる会合も大部分が非公開となっていて、以上の点で見ると、透明性は担保されていないということになります。

　報道機関として取材で深掘りすることも困難ですので、横浜ＩＲ推進の妥当性、健全性を検証するための材料を広く読者に提供する上でのハードルになってしまっているなと感じました。

　○コーディネーター　　ありがとうございます。金井さん、いかがでしょうか。

　○金井　　実はこの問題は、民間事業者が政策過程に関わるときに起きる問題を集中的に体現していまして、それが透明性の欠如という事態です。企業秘密やノウハウということで、企業から行政への提案内容というのは、通常、意思決定まで秘匿にされます。意思決定の後でも秘匿され続けることがあります。そして、仮に公開されたとしても、今度は行政と民間事業者が契約を結んでしまって、そ

れが長期契約の場合は公開された後、変更することもできませんし、変更すると莫大な違約金を取られるということになります。

　こうした民間事業者のノウハウを使うタイプの政策決定は公開性や透明性を著しく低くすることが多いのでありまして、PFIにせよ、PPPにせよ、指定管理にせよ、スーパーシティーにせよ、国家戦略特区認定にせよ、様々なところで同じような不透明な問題を引き起こしています。

　特に賭博罪の違法性を阻却するような、政府が全責任を負うべき重要な案件について、政策決定過程が不透明な形になり、しかも、決定後は変更困難になるというような、今回のIR・カジノは制度設計自体にかなり無理があると言えます。IR・カジノについての政策決定過程は、行政として、情報公開が担保されるように完全公営、かつ完全公開でなければならないのではないかと思うものです。IR実施法自体が本当に違法性を阻却できるほどの要件を備えているのかといえば、大いに疑問であると思わざるを得ません。

　本来、法務省が考えてきた賭博罪の違法性を阻却するための8要素はいろいろあるのですけれども、例えば運営主体の性格性で、官、またはそれに準じる団体に限るとか、副次的弊害の防止など、様々なものが指摘されているのです。が、そもそも透明性が確保されていない場合は、この法務省が想定されている8個の、つまり賭博は違法ではないというための条件が満たされているのかどうかさえ、既に明らかにはなっていないということであります。すなわち競馬や公営競技、宝くじ、totoなどと異なり、実はIRは民間事業者が提案という形で深く関わるがゆえに、この8要素の違法性阻却が達成されているかどうか分からないという、制度設計などという根本的な問題を抱えています。

　透明性、公開性が低いことは、ほかの価値も損ないます。決定されるまで公開されない政策決定では、政策形成の健全性を担保することは不可能です。公開されなければ、政策決定で用いられる情報が真実である必要もありません。うそをついても公開されなければバレないからです。このような政策決定ではそもそも誠実に仕事に取り組む必要もありません。なぜならば、公開されないからです。横浜市政がこのような不透明症候群に陥っているというのであれば、大変深刻な

事態だと思います。

　〇コーディネーター　　ありがとうございます。政策形成の健全性、透明性という言葉はよく使われることです。今、金井さんのほうから最後に真実性と誠実性というものも大事だというコメントがあったかと思います。

　星野さん、いかがでしょうか。

　〇星野　　まさに情報の非対称性の問題です。普通は民間に生ずる非対称性を補うために政府が規制を行うというのが財政ですとか、政府の必要性の話になってくるのですが、実際は政府が非対称性を利用して隠すことにつながっているわけで、情報を透明化した上で、間接民主主義としての制度だけでなく、これで足りない分を住民が直接関与できる仕組みで補うということが必要です。国策を無理やり自治体レベルに落とすということではなくて、住民とともに議論を進めて、その際は自治の観点からの透明性を高めていく必要があるのではないかと思います。

　横浜市は情報開示に極めて消極的

　〇コーディネーター　　今、国策という話がありましたけれども、市長の会見とか、市議会での市長の発言を読んでいると、国が、国がという言葉が非常に多く出てくるのですね。そういう意味では、住民から選ばれた市長、首長であるという意識が大変希薄ではないかなと感じたところであります。

　情報開示請求について、真城さんから先ほど説明がありました。この点について、大川さん、いかがでしょうか。

　〇大川　　皆さんも資料をご覧になって実感されると思うのですが、黒塗りの多さ、いわゆる「のり弁」状態ということが目につきました。いかにＩＲをめぐる政策形成に透明性や健全性が欠けているかということを開示資料の状態から市が自白しているようなものだと思います。

　これまでも触れてきましたが、横浜市がＩＲ誘致による効果を示すうえでとりわけよりどころとしてきた、事業者からの情報提供に関する資料は、他都市との競争や事業者の事業活動への影響を主な理由として真っ黒な状態ということで、

客観的な検証が全くできない状態です。これでは住民の理解、納得を得る道から
ますますそれていくことになりまして、カジノつきの I R を実現しようとする横
浜市自身のためにもならないと思います。横浜市が情報開示に極めて消極的であ
るということについては残念に思います。

　○コーディネーター　　金井さん、いかがでしょうか。

　○金井　　情報公開の結果を見せていただきました。第 1 に、市長からの重要
な決定を行ったとされる会議に議事録が存在しないという極めて論外なことが起
きています。つまり市長決定を支える物的証拠がないということになります。証
拠に基づく決定という観点からするならば、そもそも市長の政策決定には何の根
拠もない、ということになります。根拠薄弱であるということでありますから、
当然正統性もありません。正統性のある決定が存在していないため、その後の市
長や市当局の提案は全て根拠がないということになっているわけであります。

　それから、第 2 に、繰り返しになりますが、民間事業者の件での黒塗りの部分
が多いのが非常に問題であります。民間のノウハウを行政に活用することは非常
に重要であると思われますが、活用した以上はそれを公開しなければなりません。
なぜならば、政策決定にはそれを支える根拠が必要なわけです。公開できない根
拠というのは存在しないことと一緒であります。

　したがって、仮に政策決定に応募する事業者は、当然その提案したノウハウに
ついては市当局及び市民に提供したというように考えるべきであります。逆に言
えば、民間ノウハウには、本来、行政は一定の対価を支払うべきである。応募の
段階で対価を支払うべきであると言えます。現在の行政は、無料で他人にアイデ
アを出させて、それに基づいて、自分の仕事である政策決定をし、しかも、相手
に対してお金を払いたくないので、どのまま返却するというわけです。要は、「他
人のふんどしで相撲を取る」ようなスタンスというのは自治体の在り方、あるい
は行政の在り方として、適切とは言えません。行政と民間の仕切りがきちんとで
きていないということでありまして、横浜市政は既に、 I R のためには民間事業
者にいわば占拠されてしまっているという状態になっていると言っても過言では
ありません。

　○コーディネーター　　政策決定の根拠となる文書を残していないことについて、市長の市議会での答弁などを見ると、情報公開条例に違反していないのだと市長が答えているのですけれども、これは本当に今、金井さんが言われたように論外であると思います。完全に違反していると思います。そういう面では非常に危惧される市政の状況ではないかなと思います。

6　カジノを含んだ I Rのリスクについて

　○コーディネーター　　大変重要な問題をもう1つ取り上げます。カジノを含んだ I Rのリスクについて議論したいと思います。民間事業者が関係する事業については、リスクの把握とリスク分担というのが大変重要であるということですが、リスク分担については、一般的に P F Iとか指定管理者でもリスク分担表というのが事前に公開されるのですけれども、今回は公開できないと横浜市は言っています。この点について、大川さん、いかがでしょうか。

公開性に欠ける IR 事業リスクに関する情報
　○大川　　民間事業者は、いかに公共性、公益性ある事業に関わるといっても、最終的には、当然事業による利益を最大化することを求めることになりますので、利益が得られないということになれば、撤退という選択肢を選ぶことになるのだと思います。その際に行政、究極的にはその自治体の住民がどのような負担をしなければならないかは非常に大きな問題だと思います。

　横浜市は市からの持ち出しは小さいと説明をしているのですが、果たしてそうかということです。 I R事業は国としても、横浜市としても、実現すれば展開されるのは初めてになります。また、事業の特殊性もあることから、行政はしっかりと事業特有のリスクに関する情報を開示して、どこまで分担するのかということを明確にする必要があります。

　ところが、 I R事業におけるリスクに関する横浜市の説明は、現時点では十分な具体性に欠けている、公開性に欠けていると言わざるを得ません。いかに安心を担保するのかということが問われていると思います。

　○コーディネーター　　真城さん、いかがでしょうか。

　○真城　　非常に長く設定されている運営期間なのですけれども、今回のコロ

ナ禍ですと、リーマンショックのように、民間事業者にとって経営環境が大きく変わる事態というのは、その期間内に十分起こり得ることだと思います。箱を造ったはいいけれども、経営ができない状況に陥る、撤退するといった様々なリスクを想定する必要があります。

　特に横浜市のＩＲは事業の規模、特殊性からして、代替できる運営者がすぐに見つかるものでもありません。横浜市はしっかり事業が進められることを仕組みとして担保するというように広報紙などでもうたっていて、事業のモニタリングを行うことを実施方針でも示しているのですけれども、想定されるリスクケースに応じた市側の負担の可能性の有無などについては説明が不十分であると思います。

　また、リスクゼロでリターンを得ることはほぼ不可能であるというのは多くの人の共通の理解だと思うのですけれども、例えば市の税収の増収効果の大きな源泉となるカジノについて、想定した集客が得られなかった場合のリスクですとか、ＩＲ全体の収支が想定を下回った場合のリスク。これらについて税金を納める側の市民はどう考慮しておく必要があるのか。この細かい説明が足りておらず、このままでは不測の事態が発生した場合に、行政が負担を背負う結果となりかねません。様々なリスクに対して、横浜市からの持ち出しはなく、対応できるという根拠を明示する必要があると思います。

　○コーディネーター　　金井さん、リスクに関して、いかがでしょうか。

　○金井　　今のお２人の話は、横浜市政が、横浜市民の立場に立って、本来考えるべきリスクの話だったと思うのですが、恐らく林横浜市長の立場に立ってみれば、考えているリスクは全然違うところにあると思うのです。恐らくＩＲに手を挙げないということが国の政権の不興を買うというリスクを恐れているのではないかと思います。いわば、ＩＲに手を挙げなければ、市長を別の誰かにすげ替えてしまうぞというリスクが多分頭の中に一番大きいのではないかと思います。

　ただ実際、今日の新聞報道でも、次期市長選挙で勝てなさそうだということで、林市長をすげ替えて別の候補者を出すというような動きがあるということで、まさにリスクは顕在化しつつあるということだろうと思います。実際、かつてダイエーのＣＥＯをされていた林市長にとっては、いわば悪夢の二の舞になるという

ことなのかもしれません。

　今は林市長個人から見た風景、リスクでありますが、横浜市政におけるＩＲ推進派から見れば、林市長をすげ替えても、別の市長が、選挙公約などの表面的にはともかく本音ベースにおいてＩＲ推進であれば、国の政権からにらまれることはないという意味で、リスクは回避できるという発想が強いのではないかなと思います。

　もちろん現政権に一生懸命尽くした挙げ句に、現政権（菅義偉首相）の地元選挙地盤にＩＲが誘致されないで、別の有力な支持者のところにＩＲが行ってしまうというリスクはあるとは言えます。けれども、少なくとも現政権に賭けるというのは、彼らにとっては一番リスクがないでしょう。要は、本来考えるべきリスクと違うリスクで、横浜市政の為政者たちの頭が回っているのだろうなと思います。

　こうして見ますと、いわば国政ばかり気にしている市政の為政者たちが横浜市民や横浜の経済界にとっての最大のリスクになっているのだなということがうかがえます。国策に忖度しなければならず、ＩＲなき観光振興やＭＩＣＥができなくなるというリスクを抱えている。これが既にもう顕在化してしまったということだろうと思います。

　○コーディネーター　　星野さん、いかがでしょうか。

　○星野　　問題は、横浜市が国のエージェントになりつつあるということです。大阪都構想に対し、横浜は特別自治市、一層性の公共団体を目指していたようですが、方向が違うようには見えても、実質的にはかなり集権的な体質が見えて、これに国の意向が加わってくると、ますます住民から離れていってしまうのです。

　そういう意味では、本来あるべき方向としては、行政区の権限を大きくしたり、先ほども言いましたように 370 万人もの多くの住民を抱える中で、直接請求とか、直接民主主義の制度を用いてリスク分散を図るということで、その前提にはやはり透明性と正確性といったようなことをきちんとおいていかなければいけないと思います。

事業者が撤退するリスク

○コーディネーター　　今、様々なリスクの観点からお話がありましたけれども、主要なＩＲ事業者が相次いで撤退するという状況の中で、その事業者がＩＲを始めた後、撤退するリスクというのは現実のリスクとして結構高いとも言えます。とにかく来てもらうために事業者に甘いリスク分担で良いとなれば、市民の負担、犠牲の上に事業者がもうけるということになりかねません。これは市民にとって大きなリスクということが言えるのではないかと思います。

最後に

○コーディネーター　　様々議論してまいりましたけれども、まだいろいろな観点での議論があり得るところですが、時間も迫ってまいりましたので、最後にパネリストの方から一言ずつお願いしたいと思います。まず大川さん、いかがでしょう。

エビデンスの科学性と民主的な正統性が確保されることが大切

○大川　　今日はＥＢＰＭについて議論してきたわけですけれども、ＥＢＰＭが効力を発揮するためには、やはりエビデンスが持つ政治性というものを極力排除しながら、政策に関与するアクター間の協力、コミュニケーションに基づいて、エビデンスの科学性と民主的な正統性が確保されることが大切だと私は考えています。

　しかしながら、横浜ＩＲの誘致をめぐる政治、政策過程においては事案そのものの政治性が強く、残念ながら、政策形成、立案に当たってのエビデンスの科学性、あるいは民主的正統性の確保が不十分であるということが明らかになりました。

　今年の夏には横浜市長選挙が予定されていますが、ここに来て、立候補者をめぐる様々な動きが顕在化してきております。前回は、それまでＩＲ誘致に積極的に言及していた現職が突如としてＩＲ問題について白紙と表明し、争点化を回避する戦略を取りましたが、今回は市として誘致をはっきり打ち出したために、対立軸が明確になっている中で選挙を迎えるということになります。

　横浜市が抱える問題はＩＲ誘致だけではありません。しかし、これまでのプロセスを見ていると、いかに小手先の戦略で争点化を避けようとしたとしても、今回ばかりはＩＲ問題から逃れることはできないでしょう。

　もちろん選挙が全てではありません。日常の住民とリーダーとの対話の重要性も改めて感じたところであります。しかし、現状では多くの有権者にとって最も身近で、ある意味、最も楽な政治的意思表示の機会が選挙なのです。

　今度の市長選挙で、有権者を前にＩＲ誘致のエビデンスをめぐって分かりやすく議論がたたかわされ、市の政策過程にかかる全てのアクターが政策形成におけるエビデンスの重要性への認識を深める機会となることを願ってやみません。

　○コーディネーター　　ありがとうございます。真城さん、いかがでしょうか。

横浜市の透明性ある政策形成と中立的な情報発信を期待したい

　○真城　　先ほど説明した情報公開請求を２月に市のほうにお願いした際に、担当課のほうから多くの人から大量の情報公開請求が来ているので開示までに相当の時間がかかる可能性があるという断りの連絡が電話でありました。情報公開請求が殺到しているというのは恐らく私と同様に、市の発信している情報だけではＩＲ推進の根拠がよく分からない、よく理解できないと考える人がたくさんいるということの裏返しではないかなと思います。

　林市長が誘致表明して以降、２年弱の間で急速にＩＲ推進の段取りが具体化しただけに、一般の市民からすると置いてきぼりにされた印象が強いと思います。現状では誘致の是非を判断するための情報すら乏しいということが分かったので、建設的な議論を行えるよう、横浜市のほうでは透明性ある政策形成、あとは中立的な情報発信が進むということを期待したいと思います。

　○コーディネーター　　ぜひ期待したいと思います。次に、金井さん、いかがでしょうか。

政策決定過程が「結論ありき」になっているというところが、残念

　○金井　　本来、こういうシンポジウムは、コンセンサス会議や円卓会議のように、賛成派と反対派が、様々な公開のオープンな情報を基に、かんかんがくが

く議論して、どっちにするかというようなコンセンサスをつくる、そういう方向、そういう段階に達していればよかったのでしょう。けれども、残念ながら、今までの話で言えば、そもそも議論をするための前提が整備されていないのです。いわば議論の入り口すらつくってこないで、強行突破するみたいになっているのです。政策決定過程が「結論ありき」になっているというところが、非常に残念なところであります。しかも、結論を横浜市政が自ら作ったのならばまだしも、それは国がつくった「結論ありき」での、ということになっています。

　しかし、外国人からのインバウンド観光に魅力のあるコンテンツとして、仮に「ギャンブル」というようにするのであれば、例えば、江戸時代の丁半賭博のようなイメージをつくるとか、もっと自由な発想で論じることはできないのかと思います。サラシを巻いたようなそれなりの仮装（コスチューム）で、お客も丁半賭博をやってみるような、そんなものも考えられなかったかと非常に残念であります。

　ただ、当然、江戸ワンダーランド（日光江戸村）とか伊賀流忍者博物館（からくり忍者屋敷）のチャンバラごっこや忍者ごっこが、本当に人を斬るわけではないように、丁半賭博ごっこをやるということと、本当に賭博をやるということは全然違うわけです。ＩＲは非常に残念な発想になっていきました。いわば丁半賭博ごっこの情緒もないにもかかわらず、本当に賭博をするという大変貧困な中身になってしまっていると思います。

　ただ、賭博ごっこを観光コンテンツとしてやるためには、やはり横浜らしさとつなげなければいけないので、江戸時代には寒村みたいな漁村であった横浜において、江戸情緒でギャンブルのエンターテインメントの施設、テーマパークを造るということは無理なわけです。例えば開港後の異人街の中でのレトロ物語をつくるとか、そこら辺の横浜らしい発想がなければならないのです。アメリカ・ラスベガスだか、マカオ、シンガポールだか、どこかの外国企業が持ってきた外国由来のカジノに頼るという知的貧困が、横浜を大変残念なことにしているのではないかなと思います。

　実際に歴史をひもときますと、1866年の横浜の外国人居留地には根岸競馬場

（旧横浜競馬場・根岸競馬記念公苑）というのができているのです。つまりあえて言えば、日本の競馬の発祥の地であり、いわば近代ギャンブルの発祥の地です。しかも、当時、治外法権なので、日本の刑法では禁じられた賭博にもかかわらず、外国人が賭博といいますか、競馬に興じて、しかも、それに天皇や政財界の要人が集っていたらしい、というような歴史があり、それが今日の天皇賞の起源でもあるということだそうです。横浜市にはギャンブルとのつながりがそれなりの物語があるのです。ただ、競馬はＪＲＡになってしまいますから、直接には使えないにせよ、もうちょっと自由な横浜らしい政策を立案してほしいなというのが私の願いであります。

○コーディネーター　最後に星野さん、いかがでしょうか。

自治体とは何なのかという意義を生み出していかなければ

○星野　市としては、日本が持つ経済的な状況を正確に判断した上で、横浜市の地理的状況とか経済状況、財政状況を把握する。そのとき結論ありきではなくて、ニュートラルに情報を提供して、住民の決定に謙虚に委ねていくという仕組み、これが地方自治だと思います。民間活力といった場合、その民間とは民間企業であって、決して住民のことを言っているわけではないかもしれない。もう一度、公と民の意味を問い直して、地方自治の観点から、自治体とは何なのかという意義を再確認していかなければ、やはりまずいのではないでしょうか。

【参加者からの質問１】　独立の規制委員会としてカジノ事業者に取り込まれない規制の在り方は？

○コーディネーター　ありがとうございます。参加者から多くの質問が出されているのですけれども、時間が既にオーバーしていますので、２つだけ取り上げたいと思います。まず、金井先生に対する質問ですが、お答えいただいてもいいですか。カジノ管理委員会はともかく、仮に独立の規制委員会としてカジノ事

業者に取り込まれない規制の在り方としてはどのようなものが考えられますかという質問です。

　〇金井　これは極めて難しいのです。つまりカジノ管理委員会というのはカジノ事業を完全に潰しても成り立つような組織であるということが必要なので、恐らくカジノだけを管轄しているというものではだめだと思うのです。だから、ある程度、幾つかの公営ギャンブルその他を管理するものにするべきと思います。

　ただ、恐らく一番シンプルには、公営競技のように直営化、公営化するしかないと思います。民間事業者とそれをチェックする委員会という設定自体は、恐らくこのタイプ自体の設計でうまくいくと考えることが、無理だと思います。直営にするしかないと思います。

【参加者からの質問2】　カジノなしの開発だとどのような経済効果が得られるのでしょうか？

　〇コーディネーター　ありがとうございます。あと、鳥畑先生、講演をしていただいて、今もまだ残っていただいていますので、非常に基本的な質問ですので、お願いできますでしょうか。ＩＲの収益はカジノが大部分を占める、カジノなしの開発だとどのような経済効果か得られるのでしょうか。つまりカジノがないと無理ではないかという趣旨も含んだ質問かと思いますけれども、お答えいただけますか。

　〇鳥畑　まず確認したいのは、カジノの収益イコール経済効果ではないということだと思うのです。横浜市が発表しているＩＲの最大売上げが7,400億円、それから税収から想定されるカジノ収益がまた6,600億円ぐらいで、9割ぐらいがカジノの収益を頼りにしていると。では、例えば、私がＡさんという方とギャンブルをして100万円勝ちました。ポケットからポケットにお金を移動しただけでは、それ自身は経済効果ではないわけですよね。私が稼いだお金で飲み食いしたりとか、いろいろなものを買ったりして、初めて直接効果といいますか、経済効果が生まれると思うのですが、米国のゲーミング協会の経済効果の推計では、

カジノのもうけそのものも経済効果、直接効果に含めているので、いろいろな誤解が生まれるのでしょう。

　そのカジノ収益の部分というのが例えば地域から所得、消費力を吸い上げただけであれば、お話ししたように要するにゼロサムということになってしまうわけです。一方、企業がもうけたときにカジノ収益が投資家の懐に行ったとか、海外に利益として流れ出した場合には、逆に経済効果としてはマイナスになっていくだろうと思うのです。

　ここはちょっと正確にお話ししなかったのですが、横浜ハーバーリゾート協会がＭＩＣＥ型で経済効果があるよといった場合、ＭＩＣＥの経済効果の大きな部分というのは会場で商談が成立するということなのです。商談が成立して、いろいろな商品に対する注文が生まれて、そこで実際に生産活動が刺激されて雇用が生まれると。そこの経済効果の大きさを含めて、カジノがなく、ＭＩＣＥ中心のＩＲでも十分大きな経済効果は生まれるよというように強調しているわけです。

　最後に強調したいのは、カジノのもうけで赤字を補填しなければ成立しないような97％のＩＲの様々な施設というのは本当に魅力のある施設になるのかという部分です。つまりそれ自体に魅力があって、お客さんが集まる、採算が取れるものでなければ、発展はしないのではないか。そこで生み出される経済効果というものが本当の意味で持続可能性がある地域社会を支える経済効果だと思っています。

　○コーディネーター　　ありがとうございます。ほかにもパネリストに幾つか質問が出されているのですけれども、時間の関係で、我々の今後の研究の参考とさせていただくという形で御了承いただきたいと思います。

　それと、横浜市自身が行った有識者ヒアリングで、有識者が課題ではないかとか、あるいは提案などをしている部分がありましたので、それを横浜市に質問をさせていただいて、その回答もいただいています。それ以外に、我々の研究班で市に質問させていただいたことに対する回答も含め、資料３に載せていますので、後で御覧いただければと思います。

　今日のシンポジウムはエビデンスの観点から横浜市のＩＲ推進を考えるという

テーマだったわけですけれども、推進側にいらっしゃる方、それから反対する側にいらっしゃる方、両方いらっしゃると思うのですが、推進側にいらっしゃる方、例えば、商工会議所の方々は推進されているとお聞きしていますけれども、やはり推進する側も反対する側も、横浜市の推進の根拠は何かということを明らかにしてもらうということが大変重要ではないかと考えます。商工会議所の方々に関して言うと、今日のシンポジウムでは、カジノを含むＩＲは地域経済の大きな打撃になる可能性もあるという話も出ていたところです。そういう面でも、市が主張する根拠があるのか、今後の将来に向けた影響はどうなのかということをしっかりと議論していく必要があるのではないかと感じたところです。

　今日は時間の関係で事前に用意していた論点全てを取り上げることはできませんでしたけれども、様々な視点からの多角的な議論ができたのではないかと思います。エビデンスという面からすると、横浜市、横浜市長、市役所は、このエビデンスに基づく政策を大事にしていただきたいと思います。また、今後の政策形成にあたってはぜひ根拠を明らかにしていただきたいと思いますし、市民に正面から向き合って、その論拠を説明していただくことが必要ではないかと思ったところでございます。

　今日のシンポジウムを通して横浜市のIR・カジノ推進について、今後、エビデンスに基づいた健全な政策議論ができるようになることを期待して、パネルディスカッションを閉じたいと思います。

資　料

資料

資料 1　　　　　　　　　　　　　EBPM について

1　EBPM とは

　EBPM（Evidence Based Policy Making：証拠に基づく政策立案）とは、「政策の企画を
その場限りのエピソードに頼るのではなく、政策目的を明確化したうえで合理的根拠（エビ
デンス）に基づくものとすること」とされている。（内閣府 HP より）＊1

　日本における EBPM の取り組みは、行政改革の一環として、とりわけ統計改革の動きか
ら始まった。行政実務が複雑化し、財政制約のある中でより効率的で効果がある政策立案・
実施への要請が高まる中で「エピソード・ベース」から「エビデンス・ベースへ」[1]が叫ば
れるようになった。日本政府は、2017 年 5 月に「統計改革推進会議　最終取りまとめ」[2] に
おいて、国民により信頼される行政を展開するためとして「政策部門が、統計等を積極的に
利用して、証拠に基づく政策立案（EBPM）を推進する必要がある」とうたった。2018 年
には内閣府に「EBPM 推進チーム」を設け、EBPM を各府省において主導するハイレベル
の責任者としての「政策立案総括審議官」を設置するなど、政府全体での体制整備を進め、
EBPM 推進を図っている。

　EBPM は、日本においては主に政策過程全般の合理化を図るべく取り組まれているもの
と考えられるが、その定義は必ずしも 1 つに収斂しているとはいえない。小林庸平は、本来
の EBPM、つまり狭義の EBPM は、「エビデンスを参照」し、「効果検証の必要性・可能性
を検討」し、「効果検証する」ものであり、日本で現在取り組まれている EBPM は、「社会
問題を分析」し、「改善すべきアウトカムを設定」し、「ロジックモデルを作成し、効果的な
手段を検討する」段階にとどまっており、広義の EBPM には入るものの、Evidence-Based
の本質的部分をより深く認識し、EBPM の役割を再検討するべきであると言う[3]。

　次に、「エビデンス」の捉え方であるが、小池拓自・落美都里によれば、「我が国の EBPM
における証拠（エビデンス）は広義エビデンスであり、その対象は幅広く、政策効果に限定
されない」ものであり、この広義エビデンスは、主として、「主に政策目的の明確化に関わ
る「現状把握のためのエビデンス」と、ロジックモデルに関わる「政策効果把握のためのエ
ビデンス」で構成される」とする[4]。一方、小林庸平によれば、「EBPM におけるエビデンス
の本質的部分は政策の因果効果とすべき」としている[5]。

2　なぜ今 EBPM か

---

[1] 首相官邸ウェブサイト「統計改革推進会議　中間報告」（2017 年 4 月）（2021 年 5 月 21 日最終閲
覧）http://www.kantei.go.jp/jp/singi/toukeikaikaku/pdf/hokoku_honbun.pdf
[2] 首相官邸ウェブサイト「統計改革推進会議　最終取りまとめ」（2017 年 5 月）（2021 年 5 月 21 日
最終閲覧）https://www.kantei.go.jp/jp/singi/toukeikaikaku/pdf/saishu_honbun.pdf
[3] 小林庸平「日本におけるエビデンスに基づく政策形成（EBPM）の現状と課題」（『日本評価研究』第 20
巻第 2 号、日本評価学会、2020 年）
[4] 小池拓自・落美都里「我が国における EBPM の取組」（『調査資料 2019-3』国立国会図書館）24 頁
[5] 前掲注 3、41 頁〜

例えば、昭和３０年代の各種の経済指標（エビデンス）に基づく所得倍増計画

昭和４０年代の人口動態（エビデンス）に基づく過疎過密対策事業　など

しかし、今日、特に EBPM が注目され、必要とされるのは、次の理由からである。

（１）　人新世（Anthropocene）と呼ばれる人類が地球の生態系に重大な影響を与える時代となったため、科学的知見に基き地球への負荷を少なくするような政策が望まれるようになったこと

（２）　地球温暖化で SDG s など持続可能な開発目標に適応した政策が望まれるようになったこと

（３）　グローバル化で自国の政策が他国に影響するような時代となり、慎重で賢明な政策が望まれるようになったこと

３　EBPM のアプローチ手法

（１）　代替案・他の選択肢　　　　alternative

メリット・デメリットの比較検討、情勢が変化した場合の対応などのため、他の選択肢、代替案、プラン B,C…を用意し、研究する。

（２）　水平分析　　　　　　　　horizontal

あちらで成功した政策をこちらでも成功するようにするためにどうすればよいか比較研究する。

（３）　垂直分析　　　　　　　　vertical

成功した政策を抽象化、原則の抽出をすることで、普遍性を持たせる。

（４）　社会的状況が変化した場合の予測　　What if

もし条件が変わったら（What　if)」というシナリオを予測することによって、政策の効果を評価する。

４　具体的手法[6]

（１）　RCT（Randomised Controlled Trials）分析

無作為に政策を試行したグループと試行しないグループを分け、それぞれの成果を評価することで、政策の有効性、課題などを分析する。

＜実践例～小企業に対する効果的な支援プログラム～＞

英国での小企業成長政策で RCT が試行された。２０，０００社を対象に無料の研修、経営アドバイスを行うもので、次のステップが踏まれた。

第１段階：試行を申し込む企業について、対応できるかその能力をチェックする。

---

[6] ４の記述は主として、'Evidence-based policy making in the social sciences'（Policy Press. 2016）Edited by Gerry Stoker and Mark Evans 及び'Evidence-Based Policy: A Practical Guide To Doing It Better'（Oxford Univ Pr. 2012）Edited by Nancy Cartwright an ，Jeremy Hardie に依拠している。

第2段階：無作為にオンラインアドバイスか対面アドバイスかに振り分ける。

第3段階：これは無作為ではなく、5つの分野の1つにアドバイスする。

① 財務能力の向上とキャッシュフローの管理

② スタッフの採用と資質の向上

③ リーダーシップと管理技能の改善

④ マーケティングと顧客を惹きつけ維持する手法

⑤ デジタルテクノロジーの最大活用

第4段階：アドバイスするトレーナーを選択する。

第5段階：対面アドバイスの場合、受け入れ態勢整備のため経費が掛かるので、2,000ポンドまでの範囲でバウチャーで助成する。

第6段階：助成金を申請する。

この制度設計で、2種類の政策の影響（オンラインによるアドバイスと対面アドバイスの影響、対面アドバイスの場合の段階的なバウチャー助成の影響）を評価できる。

実際に、バウチャーを貰えなかった企業が真面目に試行しないといったこともある。

これはバウチャーを使う試行にはありがちなことで「一面の欠損 one-sided attrition」と呼ばれる。研究者は、そんな場合でもある程度までデータにウェイトづけを行うことによって評価を行うことができる。

わが国の場合、モデル事業、パイロット事業と呼ばれるものが RCT に近いが、

無作為性（わが国では、手を挙げた処、成功しそうな処を選ぶが、本来は、無作為に抽出）

客観性（わが国では、実施しようとする政策に合う処のみ分析する。本来は、政策を試行した処と試行しなかった処とに有為な差があるか比較検討）

試験性（わが国では、過去に実施した政策は行われえないことが多い。本来は、試験なので、うまく行かなければ、原因究明し、政策を中止又は変更）

などの点で、少し異なる。

（2）　QCA（Qualitative Comparison Analysis）分析

説明したいと思う成果を選定し、その成果に影響すると思われる3，4個の相互に独立した要因（独立変数）を選び出す。

事例を縦軸に独立変数の要因を横軸にとって、要因が存すれば1、存在しなければ0と表記してマトリックス表を作成する。

＜実践例～市民の予算決定権＞

	A　参加への リーダーシップ 独立変数	B　参加への 市民社会の要請 独立変数	C　財政基盤 独立変数	D　市民の 予算決定 従属変数
ブエノスアイレス	0	0	0	0
ポルト・アレグレ	1	1	1	1

ポルト・シャレンテス	1	0	1	1
ローマ	1	1	0	1
サンタンドレ	1	1	0	0

さらに、要因の有無をベースに表を作り直す。

	A 参加への リーダーシップ 独立変数	B 参加への 市民社会の要請 独立変数	C 財政基盤 独立変数	D 市民の 予算決定 従属変数	
I	1	1	1	Yes	ポルト・アレグレ
II	1	0	1	Yes	ポルト・シャレンテス
III	0	1	1	?	事例なし
IV	1	1	0	矛盾、反論	ローマ、サンタンドレ
	—	—	—		
VIII	0	0	0	No	ブエノスアイレス

こうしたマトリックスによって、どの要因が成果に結びつくか、どのような要因の組み合わせが成果に結びつくかなどの分析が可能になる。

この表を数値化、記号化し、例えば

第 I 列を　ABC　　（大文字の場合はすべて　1で有り　　　1 1 1）

第 II 列を　AbC　　（小文字のbは、0で無し　　　　　1 0 1）

とすることによって、数値・記号処理による分析ができるようになった。

さらに、最近はバイアスの排除や1と0との2進法からくる窮屈さを回避し、ファジーな分野の0．5のエリアも分析できるように進化してきている。

（3）　ビッグデータのオープンデータ化

正確な記録、信頼できる情報提供、公正な取扱いを当然の前提としてビッグデータの収集、整理を行うとともに、積極的なオープンデータ化を図ることで、新しい至便な政策を産み出すことができるようになる。

オープンデータ化で市民のアクセスが容易になり、市民の意向がより政策に反映されやすくなる一方、エクスキューズの材料に使われたり、ビッグデータが中央集権的に使用されて、市民のプライバシーが侵害される恐れもある。

（4）　クラスター分析

データを近似性、相互関係距離などでクラスターに分類する手法で、既存の地市区が乏しい分野での分類、類型化でき、データの多寡にかかわらず、分析できるし、階層的な分析や他の分析ツールとの結合も可能である。

分類基準・手法が多彩過ぎて研究者の使うアルゴリズムでバラつきを生じると言う欠点

もあるが、研究や議論の入り口として使いやすい手法である

（5）　ミクロクロシュミレーション

　統計的なコンピュータプログラムを利用する手法で、現行制度に基づく予測のほか、現行制度が変更された場合の予測、他の政策を選択した場合の予測など柔軟な予測が可能である。

　Alternative や What if などに対応できる点が長所であるが、複雑な制度なので専門性の絶えざる向上と入力されている人口動態、経済指標などの最新データの入れ替えなど維持管理が大変なのが難点である。

（6）　因果関係分析

　政策成功の諸要因をケーキ分析（円グラフによる図解）し、具体的要因を抽象化することにより、あちらで成功した政策がこちらでも成功するようにする。

　それぞれの分析手法には、適した対象領域があり、限界も新たな可能性もある。いずれの手法も、今後さらに進化していく可能性がある。

　また、英連邦系の学者に共通してみられる傾向であるが、イギリス経験論（cf. ドイツ観念論）の色彩が強く、経験、実証を重視したアプローチとなっている。

資料2　横浜市 IR 推進に関するパブリック・コメントについて

1. 横浜市パブリック・コメント概要

　横浜市においては、「横浜市パブリック・コメント実施要領」（平成 15 年 4 月 10 日制定、令和 3 年 1 月 14 日改正）、「横浜市パブリック・コメント実施要項・運用指針」（令和 3 年 1 月 14 日制定）、「横浜市規則等に係る意見公募手続き実施要領」（平成 21 年 3 月 11 日制定、平成 22 年 3 月 30 日改正）を定めている。

　「横浜 IR（統合型リゾート）」の方向性（素案）に対するパブリック・コメントは、改正前の実施要領に基づき以下のとおり行われた。

● 　パブリック・コメント実施概要
（1）意見募集期間
　　令和2年3月6日（金）から4月6日（月）まで
（2）周知方法
　　市民情報センター、各区役所区政推進課広報相談係、都市整備局ＩＲ推進課において、素案概要版、リーフレットを配布し、素案冊子を閲覧に供するとともに、市ホームページにデータを公表しました。
（3）意見提出方法
　　郵送、ＦＡＸ、電子メール、窓口持参

● 　パブリック・コメントの取りまとめ状況
　➢ 　延 5,040 人・団体から、9,509 件の意見の提出。
　➢ 　方向性（素案）に関する意見等に分類し、その対応状況を以下のとおり整理。

　横浜市の方では、提出された意見について、その内容ごとに細分化した上で、方向性（素案）の項目別に整理したほか（表 1）、その内容に応じて、修正（素案変更の参考）と参考（案に既に記載されているとして、今後の参考）、及びその他（素案に関連しない意見等）とした（表 2）。

表 1　寄せられた意見に係る素案ごとの分類

意見の項目	意見数
方向性（素案）に関する意見	8,621件
横浜 IR の方向性　基本コンセプト	（995件）
横浜 IR の方向性1　世界最高水準の IR を実現	（887件）
横浜 IR の方向性2　都心臨海部との融合	（789件）
横浜 IR の方向性3　オール横浜で観光・経済にイノベーションを	（1,620件）
横浜 IR の方向性4　安全・安心対策の横浜モデルの構築	（1,366件）
取組の背景、IR 実現の効果、地域理解促進・合意形成、スケジュール等	（2,974件）
その他の意見等（素案に関連しない意見）	888件
合計	9,509件

資料

表 2　寄せられた意見への対応状況

分類	対応状況	意見数
修正	素案変更の参考とさせていただくもの	３８７件
参考	案に既に記載されているもの、 今後の事業・取組等の参考とさせていただくもの	8,234件
その他	その他の意見等（素案に関連しない意見等）	８８８件
	合計	9,509件

2.　分析
2.1　賛成、反対の分類

　　横浜市は今回のパブリック・コメントの結果について、全意見をホームページ上で公開しているほか（一部は削除、表現の編集等している旨補足説明あり）、代表的な意見に対する市の考え方を説明している。（「いただいた主なご意見と本市の考え方」として記載）。

　　今回寄せられた意見について、1 人・団体＝1 意見の対応関係ではないが、意見全体の傾向をつかむ目的で、方向性（素案）に関する意見として分類された 8,621 件を対象に、以下の考え方に基づき、①賛成、②中立、③不明、④反対に分類した。

＜分類方法＞
① 賛成
　・「賛成」「賛成します」等、明確に「賛成」の立場だと記載されているもの。
　・「期待します」「進めてください」「将来のために必要だと思います」等、計画の推進を期待する内容のもの。
② 中立
　・「賛成でも反対でもありません」「中立です」と明確に中立の立場を記載しているもの。
③ 不明
　・計画に対する懸念や質問、意見等を記載しているが、それらの懸念や質問が解消された場合、賛成の立場になるのか反対の立場になるのか不明なもの。
④ 反対
　・「反対」「反対します」等、明確に「反対」の立場だと記載されているもの。
　・「やめてください」「子供に悪影響です」「中止すべき」「もっと別のことに予算を使うべき」等、計画の推進に否定的な内容のもの。

　分類結果は以下表 3 のとおりとなった。

表 3　素案に関する賛成／反対

意見の内容	意見数
1．賛成	2,483件 （28.8%）
2．中立	14件 （0.1%）
3．不明	439件 （5.1%）
4．反対	5,685件 （65.9%）
合計	8,621件 （100%）

　全体の傾向として、意見総数 8,621 件のうち、およそ 66％が今回の素案に反対を表明。（なお、反対意見のうち 3,404 件はカジノに言及しており、カジノが無ければ賛成（4 件）という意見もあった）。

　なお、今回の分類にあたり、横浜市都市整備局 IR 推進課の職員にも電話で意見を求めた。まず、延 5,040 人・団体からの意見をどのように 9,509 件の意見に分類したかについて質問したところ、複数名での分類作業だったため、統一の分類基準を設けた上で、内部で確認しながら分類を進めたとの説明があった。

　賛成、反対の分類については、そのような分類は横浜市の方で行っていない旨の指摘を受けたが、今回明確に「賛成」「反対」と表明している意見も多く、且つ賛成・反対の立場をとる理由も比較的明確（税収や財政への裨益を期待するものは「賛成」、カジノの悪影響を懸念するものは「反対」）であるため分類可能と考える旨説明し、理解を得た。

2.2　素案への反映傾向

　上記で分類した意見の内容（賛成、中立、不明、反対）に対し、市の方で意見を踏まえて素案変更とした「修正」と「参考」扱いの割合については以下の表 4 のとおりとなった。

表 4　市の素案変更への反映傾向

意見の内容	参考	修正	合計
1．賛成	２，１９６件	２８７件（74.2%）	２，４８３件
2．中立	１４件	0 件（0%）	１４件
3．不明	３９０件	４９件（12.6%）	４３９件
4．反対	５，６３４件	５１件（13.1%）	５，６８５件
合計	８，２３４件	３８７件（100%）	８，６２１件

　賛成の意見 2,483 件のうち反映されたのは 287 件（修正の意見総数の 74.1%）、反対及び不明の意見総数 6,124 件のうち反映されたのが 100 件（同 25.7%）となり、割合に偏り（非対称性）が見られる。

　主な意見と具体的な修正内容は以下のとおり。

● 　世界最高水準の IR の実現：修正 61 件（賛成 50 件、不明 11 件）
（賛成意見）
　・元町商店街や中華街も賑わって欲しい→横浜都心臨海部の観光資源として明記
　・横浜の特産品の利用、地産地消の推進→来訪者向け横浜観光資源の体験・購入促進・
　・カジノ入場時のドレスコード→ドレスコードを設けて大人の社交場に
（反対／不明意見）
　・京都みたいになりたくない→オーバーツーリズムに配慮した周辺地域連携

● 　都心臨海部との融合：修正 160 件（賛成 103 件、不明 27 件、反対 30 件）
（賛成意見）
　・山下公園と一体感のある IR 開発→山下公園とこれまでのデザインの再構築
（反対／不明意見）
　・コロナ問題・感染拡大の懸念→感染症・不測の事態等への対応を追記

● 　オール横浜で観光・経済にイノベーション：修正 97 件（賛成 76 件、反対 18 件）
（賛成意見）
　・若者、高齢者、外国人が働ける雇用の創出→障害の有無、年齢、性別、人種等に関わ

らず働きやすい環境を整備。

（反対意見）
- 周辺地域の宿泊業古くからの商店街がシャッター商店街になってしまう。→MICE が もたらす経済波及効果（商店街や商業・飲食施設の観光消費額の増加）を追記。

さらに、賛成派、反対派で関心の高いワードが意見にどれだけ含まれているか確認した 結果は以下のとおり。

表5　各層の関心の高いワード

意見の内容	カジノ／賭博	経済	説明
1．賛成	４５６件	２６０件	６６件
2．中立	6件	2件	4件
3．不明	１１２件	３１件	４７件
4．反対	3,404件	４１９件	３４４件
合計	3,978件	７１２件	４６１件

カジノ・賭博に対する関心は反対、賛成共に高く、市民がカジノ誘致を巡り、分断され た印象すら受ける。

本来であれば、提出された意見については、制度目的に基づき公正かつ誠実に熟考され る必要がある。それが、素案に係る意見（賛成／反対）に応じた評価バイアスが仮にある とすれば、制度主旨に反している可能性がある。

2.3. 寄せられた市民の声に対する市の説明の不十分さ

今回寄せられた意見に対する市の考え方について、例えば「横浜 IR の方向性　基本コン セプト」には、賛成・反対双方含む、995 件の多様な意見が寄せられたが、全て同じ以下の 回答で説明がなされていることからも、市側の応答する姿勢として誠実性が乏しい可能性 がある。

＜市の回答①＞
　「今後、横浜においても人口減少、超高齢化社会等、様々な社会経済情勢の変化が見込ま れます。そうした中でも、市民が生き生きと暮らし、魅力と活力あふれる都市であり続け るため、横浜は今ある「横浜らしさ」に誇りを持ちながら、新しい文化を迎え入れ、将来 を見据えた新たな「横浜らしさ」の創造に向けてチャレンジする必要があります。「横浜Ｉ Ｒ」では、世界水準のＭＩＣＥ施設、ホテル、エンターテイメントや最先端のテクノロジ ー を駆使した未来の街をこれまで築き上げてきた都心臨海部 の街の魅力や資源と一体 的に整備し、融合していくこと で、相乗効果を最大限に発揮するとともに、新たな魅 力・ 資源をハイブリッドに創造し、横浜の観光経済に イノベーションをもたらしていきます。 横浜のさらなる飛躍と将来にわたる市民の豊かな暮らしのために、そして、横浜の都心臨 海部がこれからも、横浜市民の憩いの場であるとともに、世界各国の人々 が、日本に行っ てみよう！日本に行くなら横浜に行って みよう！そう思ってもらえる「横浜イノベーシ ョンＩＲ」を 目指していきます。 ＜方向性（案）P. 26＞」
　また、取りまとめ結果に記載された市民の代表的な意見と、それに対する回答について も、意見の趣旨と逸れたものも見られる。

<意見>

　「市の増収のもとが、人の不幸の上になりたっている。カジノで負ける人が出る計算で市の収入が増えるというなんとなさけないことです。」

<市の回答②>

　「日本には、公益面から法律で認められている競馬などの公営競技、宝くじやtoto、パチンコなどの様々なギャンブルや遊戯が存在しています。多くの方々は節度を持ってこれらを利用されています。一方で、過度な「のめり込み」などによって、社会生活に支障を及ぼしている方がいらっしゃるのも事実です。

　このため、日本型ＩＲには、厳格な免許制や入場制限など既存ギャンブル等よりも厳しい世界最高水準のカジノ規制が施されており、事業者にも問題のある利用者への徹底した対応や相談窓口の設置など、責任ある運営を求めていきます。 ＜方向性(案)P.69、77＞

　また、公営競技等の収益は公益事業に活用され、本市でも、これまで宝くじや日本中央競馬会の収益金等を市の財源としています。」

　今回、市民から、カジノの収益が来訪者の「負け」金により成立することに対し、産業・税収構造としての不健全性や嫌悪感の声が多く寄せられたにも関わらず、依存症の問題とその対策の説明で返されており、意見の主旨が伝わっていないように見える。

2.4. 横浜市パブリック・コメント制度の目指したものと現実

　「横浜市パブリック・コメント実施要領・運用指針」では、第1条（目的）及び第2条を以下のとおり定めている。

- 「第1条（目的）　この要綱は、パブリック・コメント手続に関し必要な事項を定めることにより、市民との相互信頼に基づく市政の推進に資することを目的とする」
- 「第2条（理念）　市民の市政に対する理解と信頼を深めるため、政策決定プロセスにおける市政情報を積極的に提供することにより、市民に対する説明責任を果たすとともに、市民の市政に対する意見又は提案の機会の確保及び政策決定プロセスへの市民参加を推進し、市民との協働による市政の実現を図る」

　今回のパブリックコメントの意見のうち、18区中、6区の市民説明会がコロナ禍により延期されている中で素案の公表と全市民を対象としたパブリック・コメントが実施されたことを問題として指摘する意見も多かった。要項で定められている「市民との相互信頼に基づく姿勢の推進」という観点では、損なわれた面もあると考えられる。

　また、併せて多くの市民から指摘されていたのが、今回のパブリックコメント実施前のタイミングで、市長より反対意見は考慮しないという発言があった点である。行政手続き法第42条においては提出意見について十分に考慮しなければならないと定められていることからも、発言として不適切だったと考えられる。

　ク・コメントは、制度の趣旨からも外れ、市民の間で市への不信が生じた可能性も否定できないところ、今後の市民に対する誠実な対応が今一度重要になってくる。

以　上

資料3　共同研究グループの質問に対する横浜市からの回答

横浜市に対する質問と回答

神奈川大学法学研究所共同研究班

1　最初の質問

追加質問事項

・　カジノ導入による経済効果について、「横浜市の産業連関表を用いて運営時の経済波及効果」を算出したとのことであるが、その「横浜市による算出結果」を示してほしい。

Q1　横浜市におけるＩＲ推進の取組みのこれまでの経緯

　　　―説明会、パブコメ、RFC などを時系列で整理したもの

A2　別紙資料参照

　　ＩＲ（統合型リゾート）の検討について参照

　　https://www.city.yokohama.lg.jp/city-info/seisaku/torikumi/IR/ir.html

Q2　横浜市におけるＩＲ推進に関する今後のスケジュール

　　　―主要な項目について時系列で整理したもの

A2　別紙資料参照

　　横浜特定複合観光施設設置運営事業　実施方針（令和3年1月）参照

　　P.29～30【事業スケジュール：図表6想定スケジュール】

　　https://www.city.yokohama.lg.jp/city-info/seisaku/torikumi/IR/housin.html

Q3　　令和3年度の当初予算におけるＩＲ推進費3億6千万円の内訳と積算根拠

A3　令和3年度　都市整備局事業計画　一般会計11款1項4目　ＩＲ推進費　参照

　　https://www.city.yokohama.lg.jp/city-info/yokohamashi/org/toshi/jigyoukeikaku/r3jigyoukeikaku.html

Q4　横浜市ＩＲにおける市と事業者のリスク分担表

A4　横浜特定複合観光施設設置運営事業　実施方針（令和3年1月）参照

　　P.40～41【6　本事業におけるリスク及びその分担の在り方】

　　https://www.city.yokohama.lg.jp/city-info/seisaku/torikumi/IR/housin.html

Q5　　横浜市における PFI 事業におけるリスク分担表（一般）と具体的な PFI 事例におけるリスク分担表

A5　横浜市ＰＦＩガイドライン（第9版）平成31年4月改訂（P.2～3）及び事例を参照

　　https://www.city.yokohama.lg.jp/business/kyoso/public-facility/pfi/pfi.html

Q6 ＩＲ整備による経済効果を地域に還元する仕組みとは何か

A6 横浜特定複合観光施設設置運営事業 実施方針（令和３年１月）参照

P.47〜50【第７ カジノ事業の収益を活用して地域の創意工夫及び民間の活力を生かした当該特定複合観光施設区域の整備を推進することにより我が国において国際競争力の高い魅力ある滞在型観光を実現するための施策及び措置に関する事項】

https://www.city.yokohama.lg.jp/city-info/seisaku/torikumi/IR/housin.html

Q7 施設構成や規模が明らかになる時期

A7 今後、公募により選定される事業者と作成する区域整備計画において、施設の構成や規模、事業内容などを具体化する中で、明らかにしていきます。

Q8 カジノの売上げの見込みとそれが明らかになる時期及び、税収効果の額とその根拠

A8 令和３年１月からＩＲの事業者公募（RFP）を開始しましたが、これに先立ち、平成30年度にRFI、令和元年度にRFCと２回にわたり、公募に意欲がある事業者にご協力いただき、サウンディング調査を実施してきました。この中で、事業者からの情報提供をもとに委託先の監査法人が整理・確認したものとして、地方自治体（横浜市）の増収効果、年間860億円〜1,000億円をお示ししました。なお、これらの数値は、新型コロナウイルス感染症の影響を受ける前の数値となっています。

この増収効果は、カジノ収益に係る納付金、入場料収入のみならず大規模な施設整備に伴う固定資産税、都市計画税、法人市民税も含めたものです。内訳については、対外的に公表しないことを前提として提供された情報であり、事業者のノウハウや戦略が含まれるため、お示しできません。

カジノ施設の売上の内訳及び増収効果等については、現在実施している事業者公募の中で応募者から、その根拠も含めて求めており、選定等委員会の審査でしっかりと確認します。その上で区域整備計画の作成までに明確化し、市民の皆様にお伝えしていきます。

Q9 市とカジノ事業者が締結する契約に盛り込む項目とその内容が現時点で明らかにできるものがあれば、その内容も

A9 市と事業者が締結する契約については、実施方針（P.1）に記載のある「基本協定書（案）」、「実施協定書（案）」、「事業用定期借地権設定契約書（案）」などが該当するものと考えます。

ただし、その内容ついては、ＩＲが全国で３か所のみ選定されるため、他都市との競争環境にあり、こうした中で、本市の条件等を公表することは、本市にとって不利益になる可能性がありますので、当面の間は予定していません。なお、ＩＲの誘致を目指し

資料

ている他都市においても公表していません。

Q10　IRを事業者が途中で撤退する場合の責任や条件についての考え方

A10　横浜特定複合観光施設設置運営事業　実施方針（令和3年1月）参照
　　　P.41～43【7　本事業の継続が困難となった場合の措置】
　　　https://www.city.yokohama.lg.jp/city-info/seisaku/torikumi/IR/housin.html

Q11　IRの整備に伴い、市が実施する予定のギャンブル依存症対策の内容と額

A11　横浜特定複合観光施設設置運営事業　実施方針（令和3年1月）参照
　　　　P.51～52【2　ギャンブル等依存症対策】
　　　　https://www.city.yokohama.lg.jp/city-info/seisaku/torikumi/IR/housin.html
　　　　なお、　懸念事項対策など本市が実施する施策の費用の見込みについては、今後、
　　　公募により選定される事業者と策定する区域整備計画において、施設の構成や規模
　　　が具体化する中で、お示ししていきます。なお、これらの費用については、将来、Ｉ
　　　Ｒ事業で得られる増収額の範囲で進めていきますので、ＩＲ事業全体として、市税の
　　　持ち出しはないものと考えています。

Q12　市民説明会の未実施地区における市民への説明の概要（実施の方法と市民の声の概
　　　要）

A12　開催が予定されていた6区（戸塚区、都筑区、栄区、青葉区、瀬谷区、泉区）のＩ
　　　Ｒ市民説明会については、新型コロナウイルス感染症拡大防止のため、令和2年7月
　　　から動画による配信やＤＶＤの配布で代替しました。なお、寄せられた市民の意見に
　　　ついては、各区の質問と回答及びアンケート結果を参照してください。
　　　ＩＲ（統合型リゾート）市民説明会について参照
　　　https://www.city.yokohama.lg.jp/city-
　　　info/seisaku/torikumi/IR/shiminsetsumeikai.html
　　　ご質問への回答は、主にＩＲ（統合型リゾート）事業説明会について（質問書と回答）
　　　を一部抜粋しています。その他の事業説明会で寄せられた質問及び回答について以
　　　下のアドレスを参照してください。
　　　https://www.city.yokohama.lg.jp/city-
　　　info/seisaku/torikumi/IR/jigyosetsumeikai.html
【添付資料】
○これまでの経緯と今後のスケジュール
○令和3年度事業計画書（都市整備局）ＩＲ（統合型リゾート）推進事業
○横浜特定複合観光施設設置運営事業　実施方針　（令和3年1月）

II　追加の質問①

Q1　1点目は、IRにおけるリスク分担についてです。回答では、実施方針の40-41頁を参照となっていましたが、該当箇所を見ると、「募集要項で示す」となっていました。それで、募集要項を見ると、「実施協定書（案）で示す」となっていました。その実施協定書（案）はHPで見つけることができませんでした。そこで、実施協定書（案）を提供していただきたく存じます。

A1　前回にお答えしたとおり、実施協定書（案）の内容ついては、ＩＲが全国で3か所のみ選定されるため、他都市との競争環境にあり、こうした中で、本市の条件等を公表することは、本市にとって不利益になる可能性がありますので、当面の間は予定していません。なお、ＩＲの誘致を目指している他都市においても公表していません。

Q2　2点目は、PFI事業におけるリスク分担表についてです。回答では、「PFIガイドラインの2-3頁及び事例を参照」となっていましたが、ガイドラインには、具体的事例は掲載されていませんでした。そこで、具体的事例におけるリスク分担表を2事例ほどお示しいただきたく存じます。2事例のうち、1事例は、体育館のPFI事例のリスク分担表をお示しください。

A2　リスク分担表案が以下アドレス（横浜市政策局のホームページ）で公表されています。

横浜文化体育館再整備事業

https://www.city.yokohama.lg.jp/kanko-bunka/sports/shinko/saiseibi/taiikukan/pfi.files/0006_20180711.pdf

本牧市民プール再整備事業

https://www.city.yokohama.lg.jp/kanko-bunka/sports/shinko/saiseibi/honmokupc/honmoku/honmokupfi.files/0002_20190322.pdf

追加の質問②：以下のQ1からQ12までを質問

【回答】

　「ＩＲ（統合型リゾート）等新たな戦略的都市づくり検討調査（その4）報告書」（平成31年3月）の有識者ヒアリング（180頁～）に関する質問の多くは、有識者の意見を参考に、現在公表している実施方針や、横浜ＩＲ（統合型リゾート）の方向性などに盛り込んでおり、また、山下ふ頭周辺の計画などは都心臨海部再生マスタープランなど記載していますので、横浜市のホームページで公開している資料をご参照ください。

上記の回答では、内容が良く分からなかったため、再度、質問したところ、以下の回答があった。

Q1　横浜市は、CSRに対応するメニューはありますか。今後、メニューを設ける場合は、

どのようなメニューを設けますか。（181 頁）

A１　横浜市は地方自治体であり、CSR の概念はなじまないものと考えています。

Q２　横浜市は、ＩＲからの歳入をどの分野に使う予定ですか。歳入の使途を限定する予定ですか。（182 頁）

A２　横浜特定複合観光施設設置運営事業　実施方針（2021 年 1 月）

　　　P.50【3　認定都道府県等納付金・認定都道府県等入場料納入金】をご参照ください。

Q３　ＩＲが開発されるまでの間、対策費用はどこから出ますか。市財政にどの程度の負荷がかかりますか。（182 頁）

A３　広報よこはま特別号（2020 年 11 月）

　　　P.4【これだけは知ってほしい横浜ＩＲのこと】右側上から２つ目をご参照ください。

Q４　10 年-20 年先にどのような問題が起きると整理されていますか。（183 頁）

A４　横浜ＩＲ（統合型リゾート）の方向性（2020 年 8 月）

　　　P.4〜12【2　横浜ＩＲ実現への取組と背景】をご参照ください。

Q５　赤レンガ倉庫辺りの充実化計画はありますか。今後、どのように進めて行く予定ですか。（183 頁）

A５　横浜市都心臨海部再生マスタープラン（平成 27 年 2 月）を参照ください。

　　　横浜特定複合観光施設設置運営事業　実施方針（2021 年 1 月）

　　　P.44〜46【10　ＩＲ区域の周辺地域の開発及び整備並びに交通環境の改善等】をご参照ください。

　　　横浜ＩＲ（統合型リゾート）の方向性（2020 年 8 月）

　　　P.39　【3（2）-2　必用な機能・施設（横浜都心臨海部の観光資源）】をご参照ください。

Q６　インバウンド観光客が増えたことによって、市税の税収の増加にどの程度つながりましたか。インバウンド観光客の増加のあった時期について具体的に増収効果を教えてください。（184 頁）

A６　具体的な増収効果は算出していません。

Q７　今後の介護需要に対して、ＩＲをどう活用していく考えですか。（185 頁）

A７　横浜特定複合観光施設設置運営事業　実施方針（2021 年 1 月）

　　　P.50【3　認定都道府県等納付金・認定都道府県等入場料納入金】をご参照ください。

Ｑ８　山下ふ頭の周辺エリアを変えていく方向性の議論は、現在、どうなっていますか。
（187 頁）
Ａ８　横浜市都心臨海部再生マスタープラン（平成 27 年 2 月）を参照ください。
　　　横浜特定複合観光施設設置運営事業　実施方針（2021 年 1 月）
　　　P.44〜46【10　ＩＲ区域の周辺地域の開発及び整備並びに交通環境の改善等】をご
　　　参照ください。
　　　横浜ＩＲ（統合型リゾート）の方向性（2020 年 8 月）
　　　P.47〜54【3（3）-1　都心臨海部との融合】をご参照ください。

Ｑ９　経済効果の検証のため、ＩＲ施設全体の事業計画や来場者数等の見込等について前
提条件及び収益性は、どのようなものですか。また、これらの前提条件及び収益性について、
その後、精査しましたか。（187 頁）
Ａ９　広報よこはま特別号（2020 年 11 月発行）
　　　P.2〜3【ＩＲがもたらす経済的社会的効果】一番下をご参照ください。

Ｑ10　観光客をＩＲ施設の外にどのように出すのか、地域で消費してもらう仕組みは検討
しましたか。（187 頁）
Ａ10　横浜特定複合観光施設設置運営事業　実施方針（令和 3 年 1 月）
　　　P.17〜18【4　送客施設】
　　　P.23〜24【8（6）観光・経済の活性化】をご参照ください。
　　　横浜ＩＲ（統合型リゾート）の方向性（2020 年 8 月）
　　　P.37〜41【3（2）-2　③送客施設】
　　　P.57〜58【3（4）　②経済効果】
　　　P.92〜94【4（4）市民の豊かな暮らしへ】をご参照ください。

以下の質問の回答は
ＩＲ（統合型リゾート）事業説明会について（2021 年 2 月〜3 月）「質問書と回答」から抜
粋しました。
Ｑ11　横浜のＩＲと世界中のＩＲとのすみ分けの考えはどのようなものですか。（187 頁）
Ａ11　「横浜らしさ」は何かということをこれまでも検討してきていますが、山下ふ頭の近
隣には山下公園やマリンタワー、元町や中華街等があります。少し移動すると大さん橋や、
みなとみらいという魅力的な都心臨海部があるので、それらの地域とコラボレーションし
て相乗効果をあげることが、横浜に世界各国の観光客を誘致するきっかけになると考えて
います。
　　「横浜イノベーションＩＲ」の言葉の意味は、横浜都心臨海部の周辺と融合して相乗効果
をあげて、横浜にイノベーションをもたらしていきたいという思いを込めています。事業者

の皆様にも周辺地域一帯で、こういった連携をできるような取組を求めています。本市としては、ＩＲから得られる増収効果で、周辺地域に経済効果や観光効果を波及するような取組をしていきます。そのような点が、横浜イノベーションＩＲの最大の差別化ポイントと考えています。

Q12　ＩＲ設置の場合の懸念事項について、事業者が海外で実際に実施しているかどうかを確認しましたか。（190 頁）
A12　令和３年１月からＩＲの事業者公募（RFP）を開始しましたが、これに先立ち、平成 30 年度に RFI、令和元年度に RFC と２回にわたり、公募に意欲がある事業者にご協力いただき、サウンディング調査を実施し確認しました。

Q13　カジノが開業したら周辺にどういう影響が出るかの想定はどのようなものですか。具体的な影響について教えてください。（191 頁）
A13　ＩＲ区域には大規模ＭＩＣＥ施設や集客施設などが整備されるため、これまで横浜を訪れていなかった新たな国内外の観光客が増加します。ＭＩＣＥ施設等を活用した国際的なイベントが実施される場合には、ＩＲ内のホテルの定員を超える宿泊者が想定され、都心臨海部をはじめ市内のホテルへの宿泊や飲食が見込まれます。また、アフターコンベンション、同伴者のショッピングや食事、市内観光やスポーツ観戦、文化芸術の鑑賞などが期待されます。
　　ＩＲによる効果を、市内に最大限波及させるため、周辺地域へのスムーズな周遊・回遊につながる施設配置やＩＣＴ等を活用した地域の魅力発信、連携イベントによる賑わいの創出などを、事業提案の中で求めています。なお、先進事例であるシンガポールでは、２つのＩＲのオープンに伴って、外国人観光消費額は 10 年足らずで倍増しており、横浜ＩＲにおいても周辺地域へのシャワー効果が期待されます。

【回答関係資料アドレス】
●　横浜特定複合観光施設設置運営事業　実施方針（2021 年１月）
https://www.city.yokohama.lg.jp/city-info/seisaku/torikumi/IR/housin.html
●　横浜ＩＲ（統合型リゾート）の方向性（2020 年８月）
https://www.city.yokohama.lg.jp/city-info/seisaku/torikumi/IR/houkousei.html
●　広報よこはま特別号（2020 年 11 月）
https://www.city.yokohama.lg.jp/city-info/seisaku/torikumi/IR/kouyoko.html
●　ＩＲ（統合型リゾート）事業説明会について（2021 年２月～３月）
https://www.city.yokohama.lg.jp/city-info/seisaku/torikumi/IR/jigyosetsumeikai.html
●　横浜市都心臨海部再生マスタープラン（2015 年２月）
https://www.city.yokohama.lg.jp/kurashi/machizukuri-
kankyo/toshiseibi/sogotyousei/toshinmp/

講師・報告者・パネリスト略歴

◆ 講師

○ **佐々木 一彰**（東洋大学国際観光学部教授）
博士（地域政策学）。ホスピタリティ産業の研究を主に行っている。17th international conference on Gambling & Risk Taking 等海外の学会でも報告を行っている。現在、科研、基盤（C）「カジノを核とする IR（統合型リゾート）の経済的効果と社会的コスト」の研究を遂行中。

○ **鳥畑 与一**（静岡大学人文社会科学部経済学科教授）
1958 年石川県七尾市生まれ、1977 年石川県立七尾高校卒業、同年大阪市立大学商学部入学、1989 年大阪市立大学経営学研究科後期博士課程修了、1989 年静岡大学人文学部助教授就任、現在に至る。

◆ 報告者

○ **菅野 隆雄**（カジノ誘致反対横浜連絡会事務局長）
2014 年 2 月市民の市長をつくる会事務局長、横浜市民団体連絡会事務局次長、2014 年6 月カジノ誘致反対横浜連絡会事務局長、「住民と自治」「学習の友」「消費者法ニュース」などに寄稿。

○ **田中 紀子**（公益社団法人ギャンブル依存症問題を考える会代表）
祖父、父、夫がギャンブル依存症者という三代目ギャンブラーの妻であり自身もギャンブル依存症から回復。2018 年ローマ教皇主催「依存症問題の国際会議」に招聘され、我が国のギャンブル依存症問題を報告。著書に「三代目ギャン妻（高文研）」「ギャンブル依存症（角川新書）」。

◆ パネリスト

○ 金井 利之（東京大学法学部教授）
1989 年、東京大学法学部卒業。2006 年から現職（都市行政学）。現在、自治体学会理事長。主な著書に、『コロナ対策禍の国と自治体』『自治体議会の取扱説明書』『縮減社会の合意形成』『原発被災地の復興シナリオ・プランニング』『地方創生の正体』『原発と自治体』など。

○ 星野 泉（明治大学政治経済学部教授）
立教大学大学院を経て 2002 年から現職（財政学・地方財政論）。現在、日本地方自治研究学会副会長。2005-06 年、スウェーデンヨーテボリ大学客員研究員。主な著書に『改訂版 自治体財政がよくわかる本 』、『税のかたちは国のかたち～財政再建のための 24 のポイント～』など。

○ 大川 千寿（神奈川大学法学部教授）
2007 年、東京大学大学院法学政治学研究科総合法政専攻修士課程修了。同研究科助教、熊本大学特任准教授等を経て、2013 年より神奈川大学法学部にて勤務。2021 年より同学部教授。専攻は政治過程論・現代日本政治。著書に『つながるつなげる日本政治』（編著、弘文堂）。

○ 真城 愛弓（東洋経済新報社編集局統括編集部）
2013 年、上智大学法学部国際関係法学科卒業。通信社勤務を経て 2016 年に東洋経済新報社入社。建設、不動産、流通などの業界取材を経験。2021 年 4 月から現職。

◆ コーディネーター

○ 幸田 雅治（神奈川大学法学部教授）
1979 年、自治省（総務省）入省。内閣官房内閣審議官，総務省自治行政局行政課長、総務省消防庁国民保護・防災部長等。現在は神奈川大学法学部教授。2013 年 6 月、弁護士登録。主な著書に、『行政不服審査法の使いかた』（法律文化社）『地方自治論』（同）など。

エビデンスに基づいた政策決定（EBPM）
横浜市の IR 推進から考える

2021 年 10 月 29 日　第 1 版第 1 刷発行

　　編　著　　神奈川大学法学研究所
　　発行人　　武内英晴
　　発行所　　公人の友社
　　　　　　　〒 112-0002　東京都文京区小石川 5-26-8
　　　　　　　TEL 03-3811-5701　FAX 03-3811-5795
　　　　　　　e-mail: info@koujinnotomo.com
　　　　　　　http://koujinnotomo.com/
　　印刷所　　倉敷印刷株式会社

　　ISBN978-4-87555-870-5